# LA GRACIA DE DIOS

## ADULTOS PARA COLOREAR LIBRO CRISTIANO EDICIÓN

**Coloring Bandit**



Publicado por Speedy Publishing Canada Limited

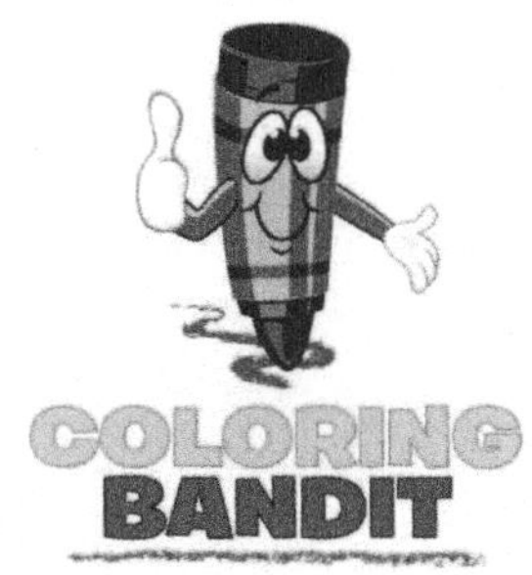

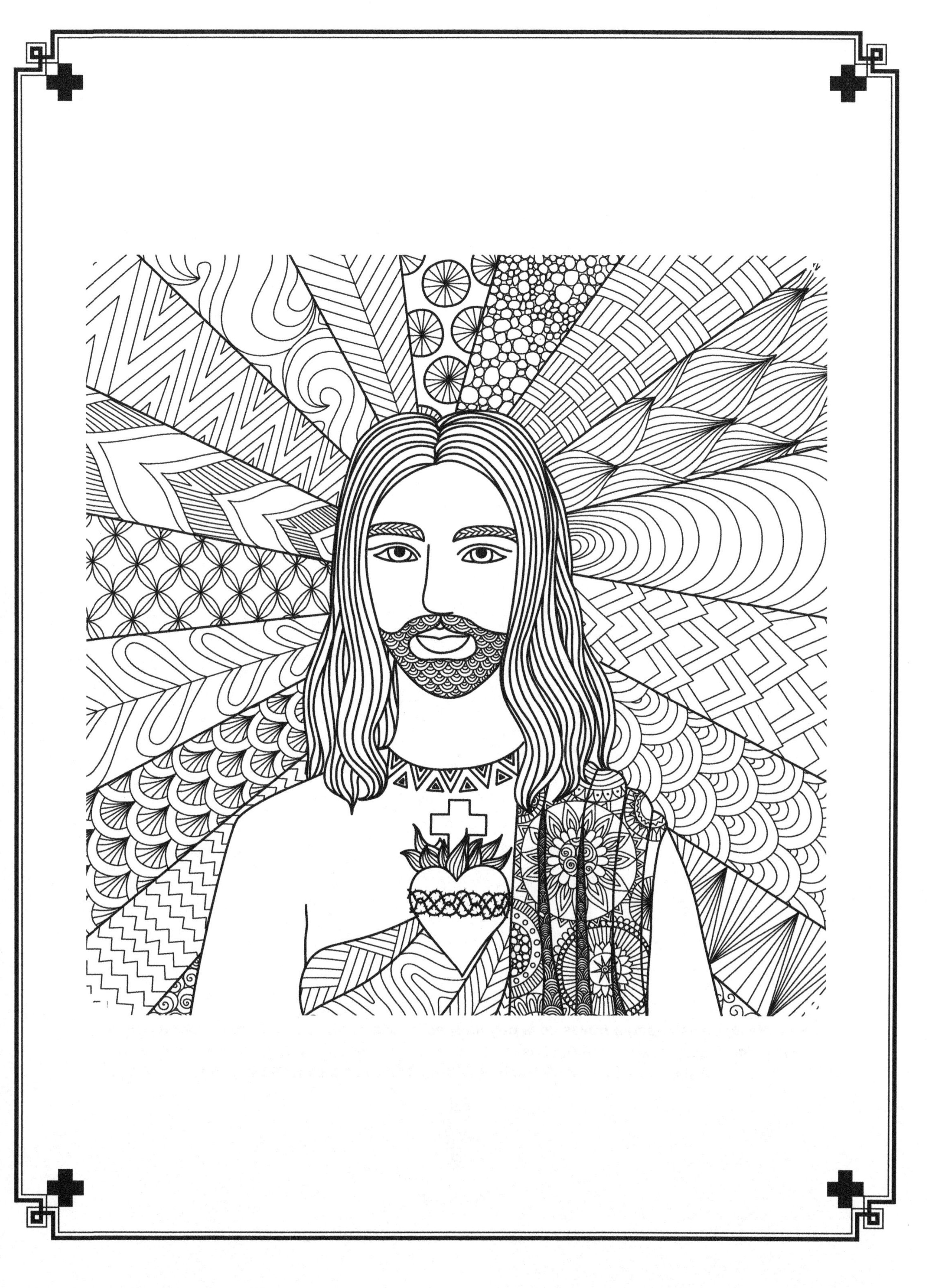

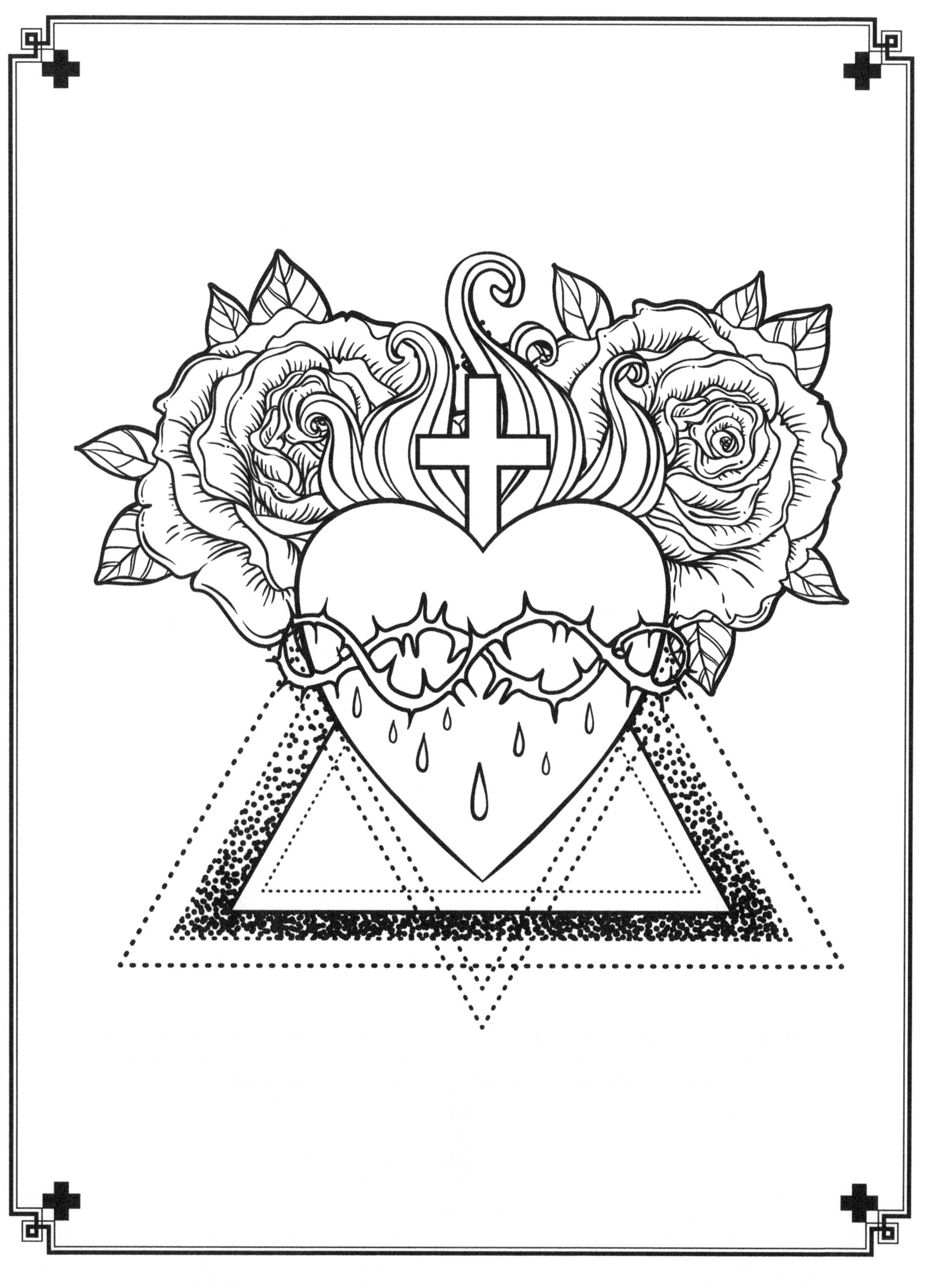

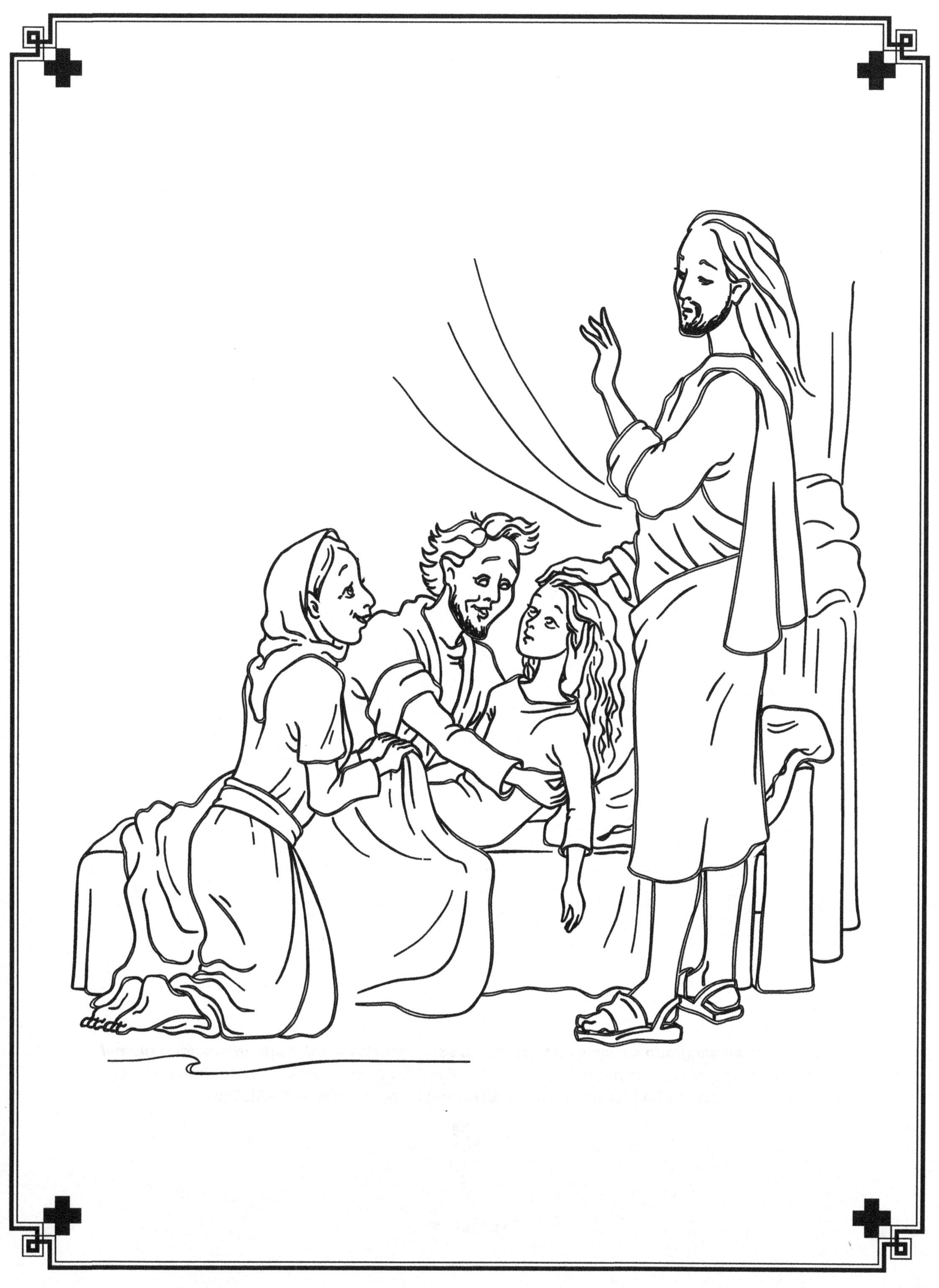

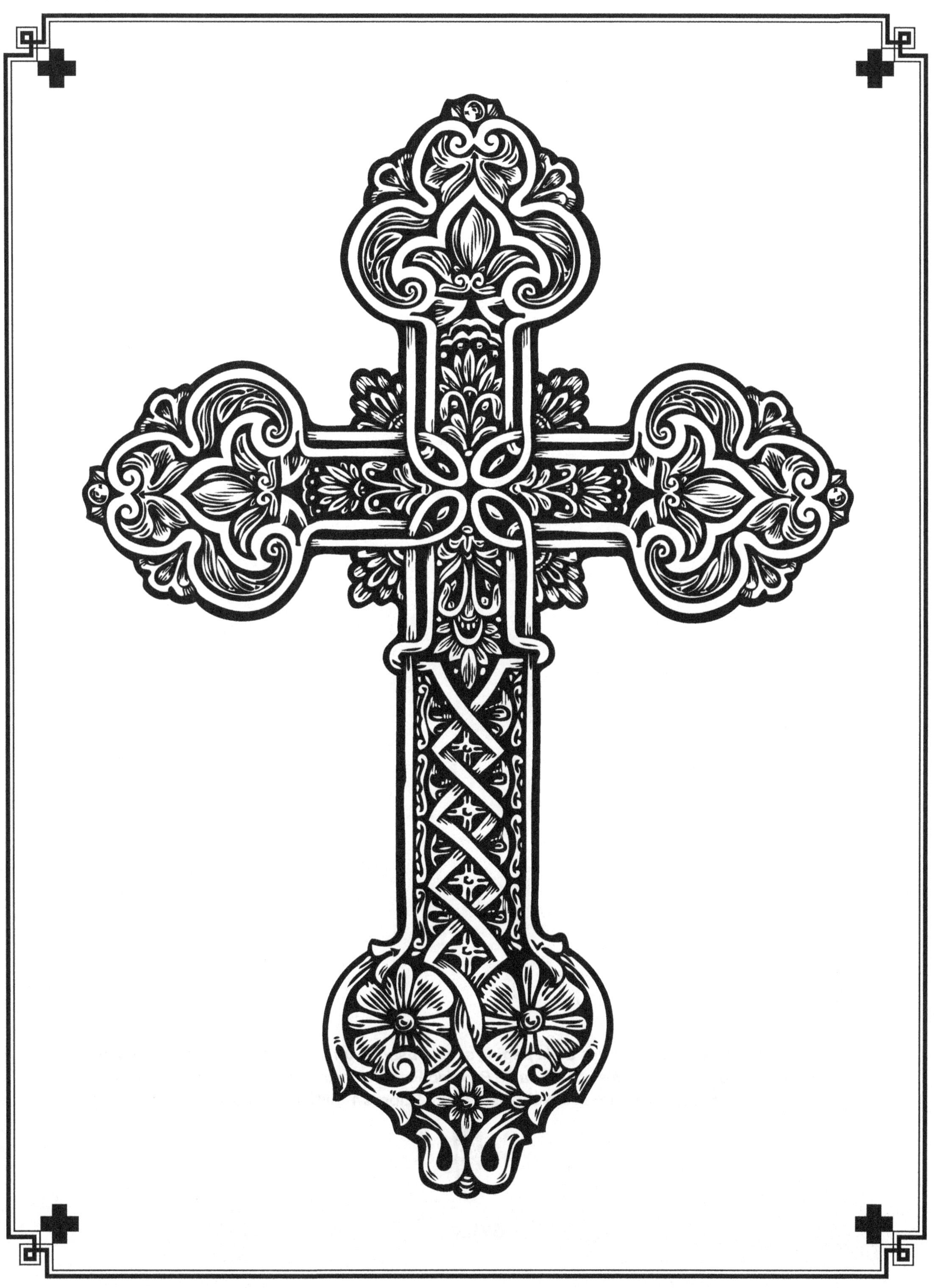

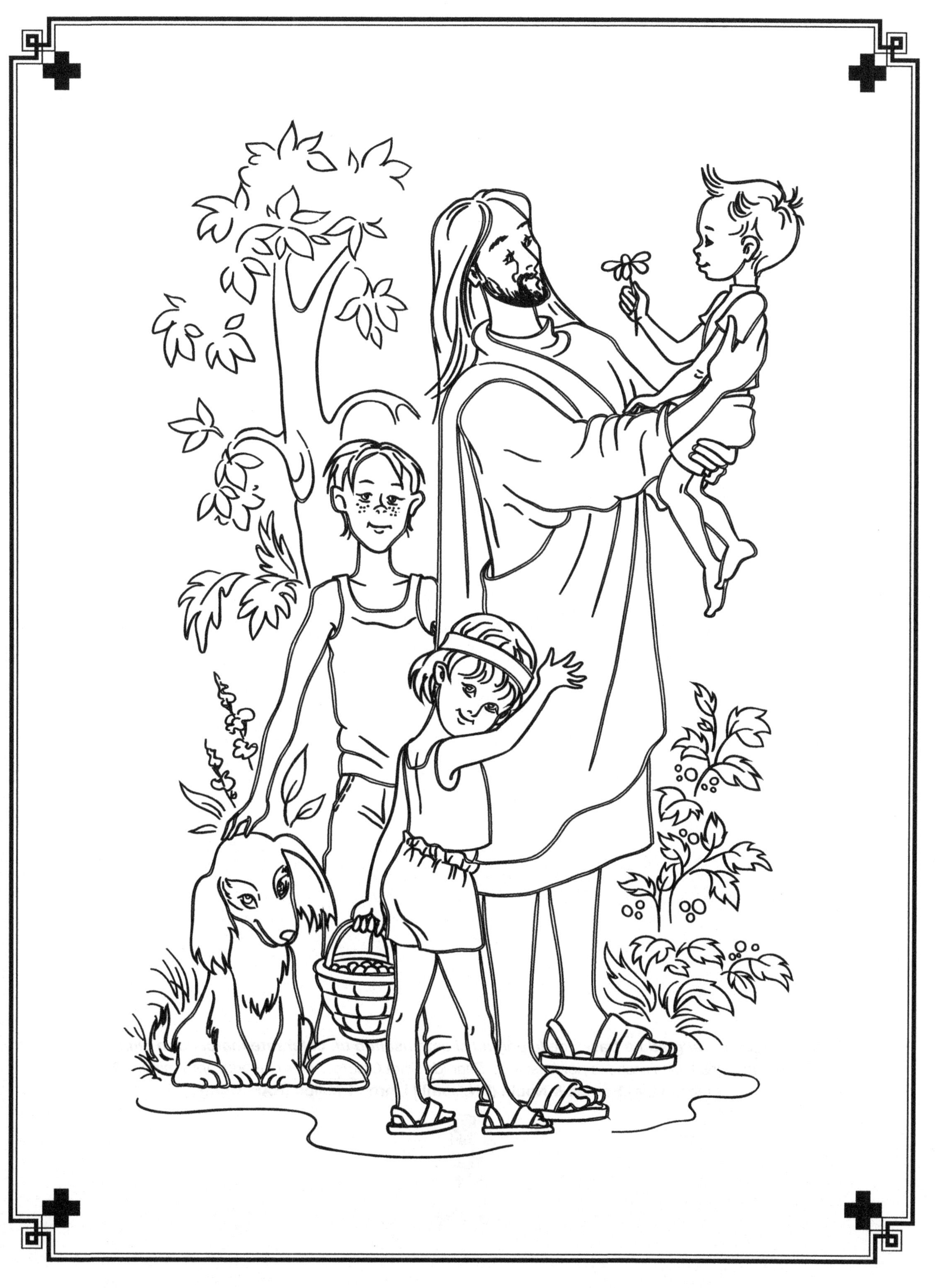

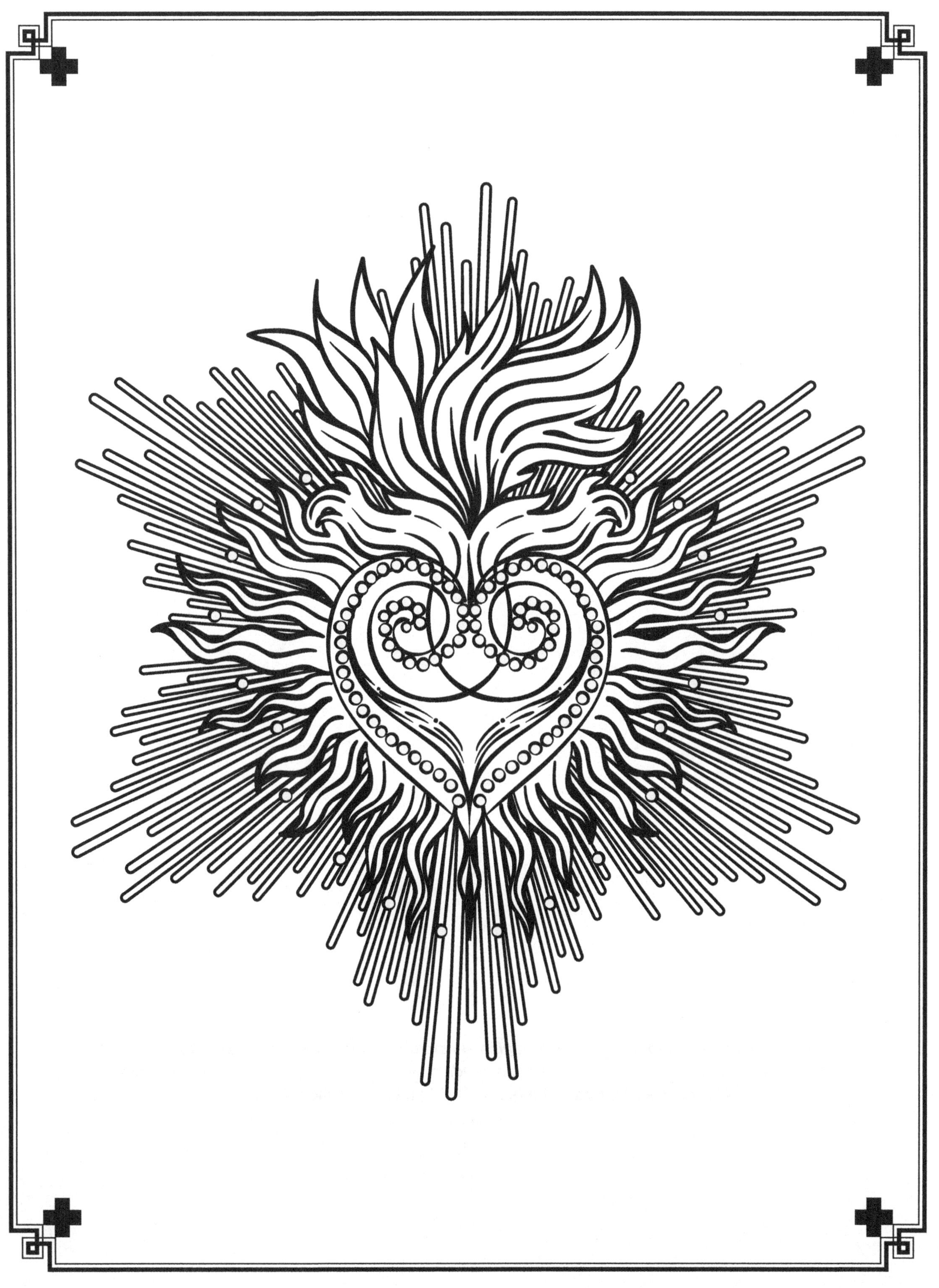

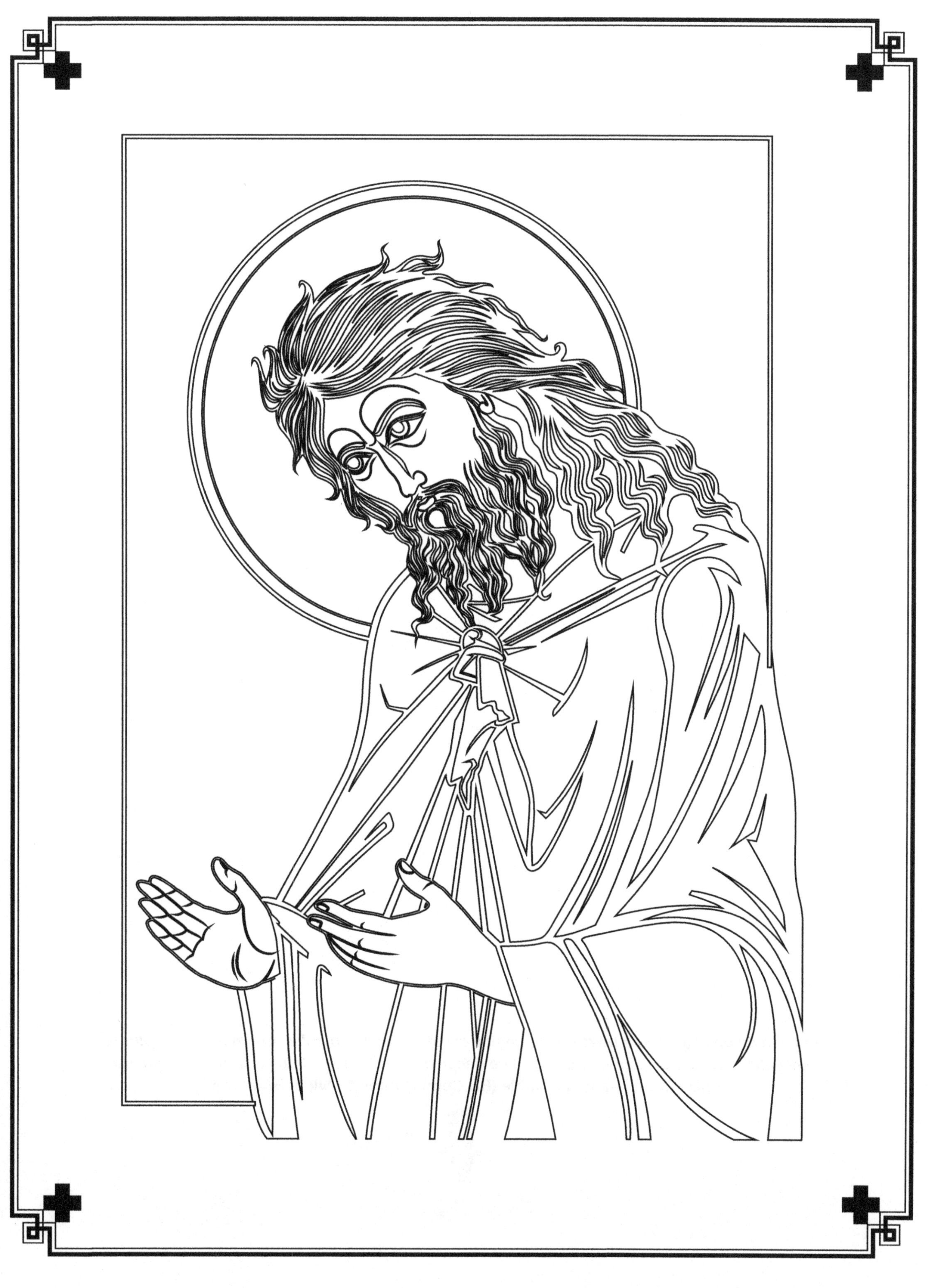

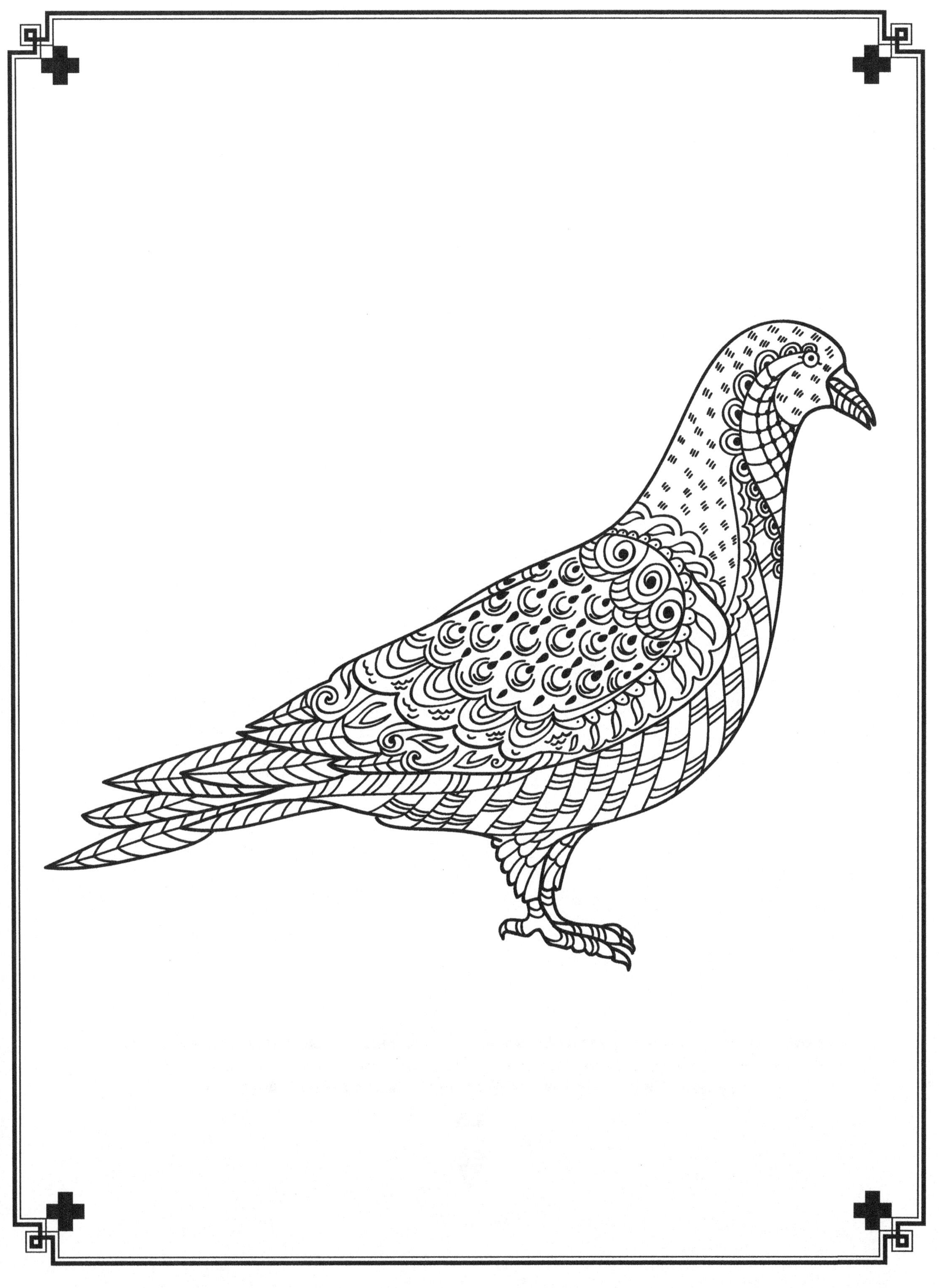

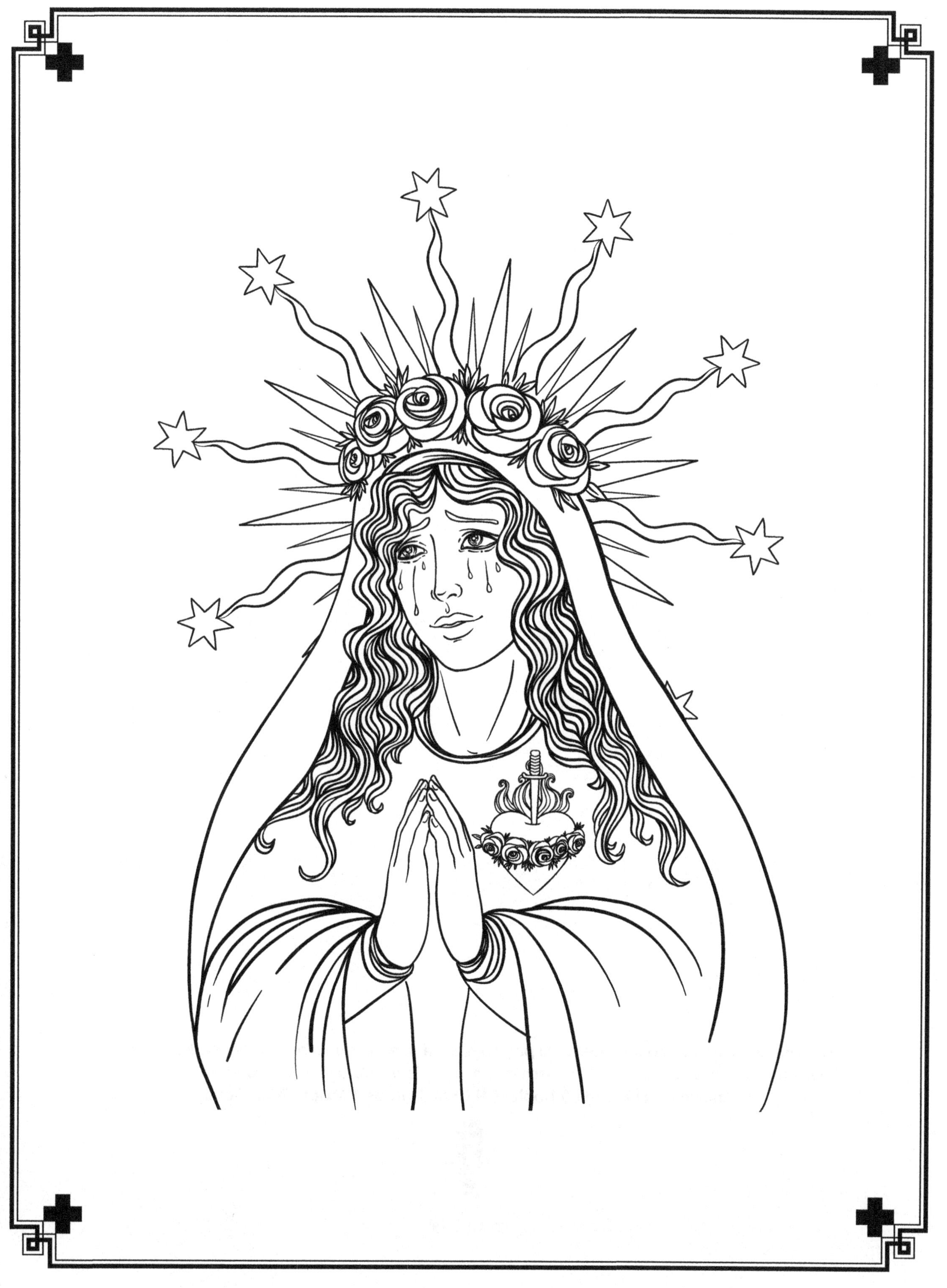

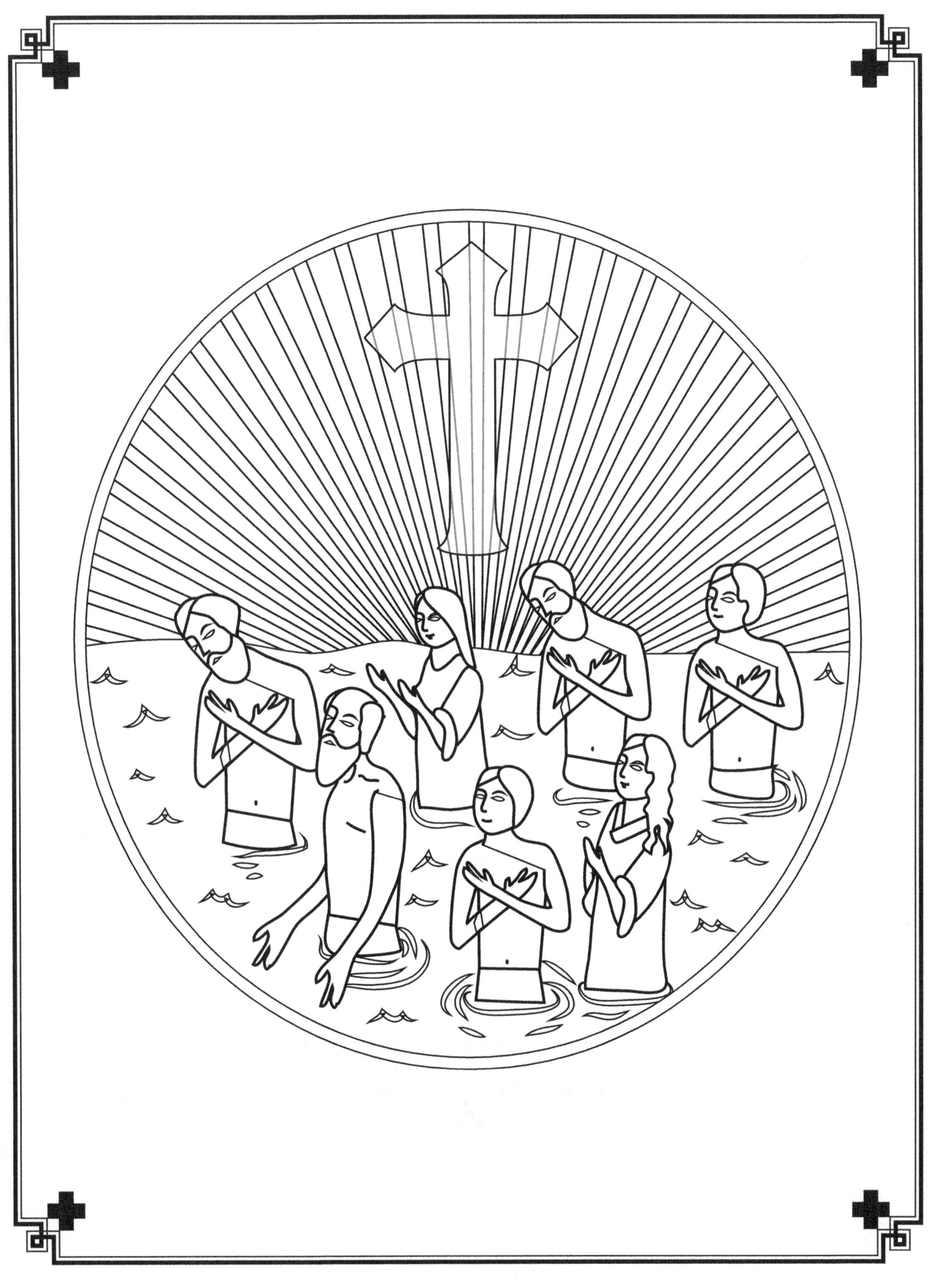

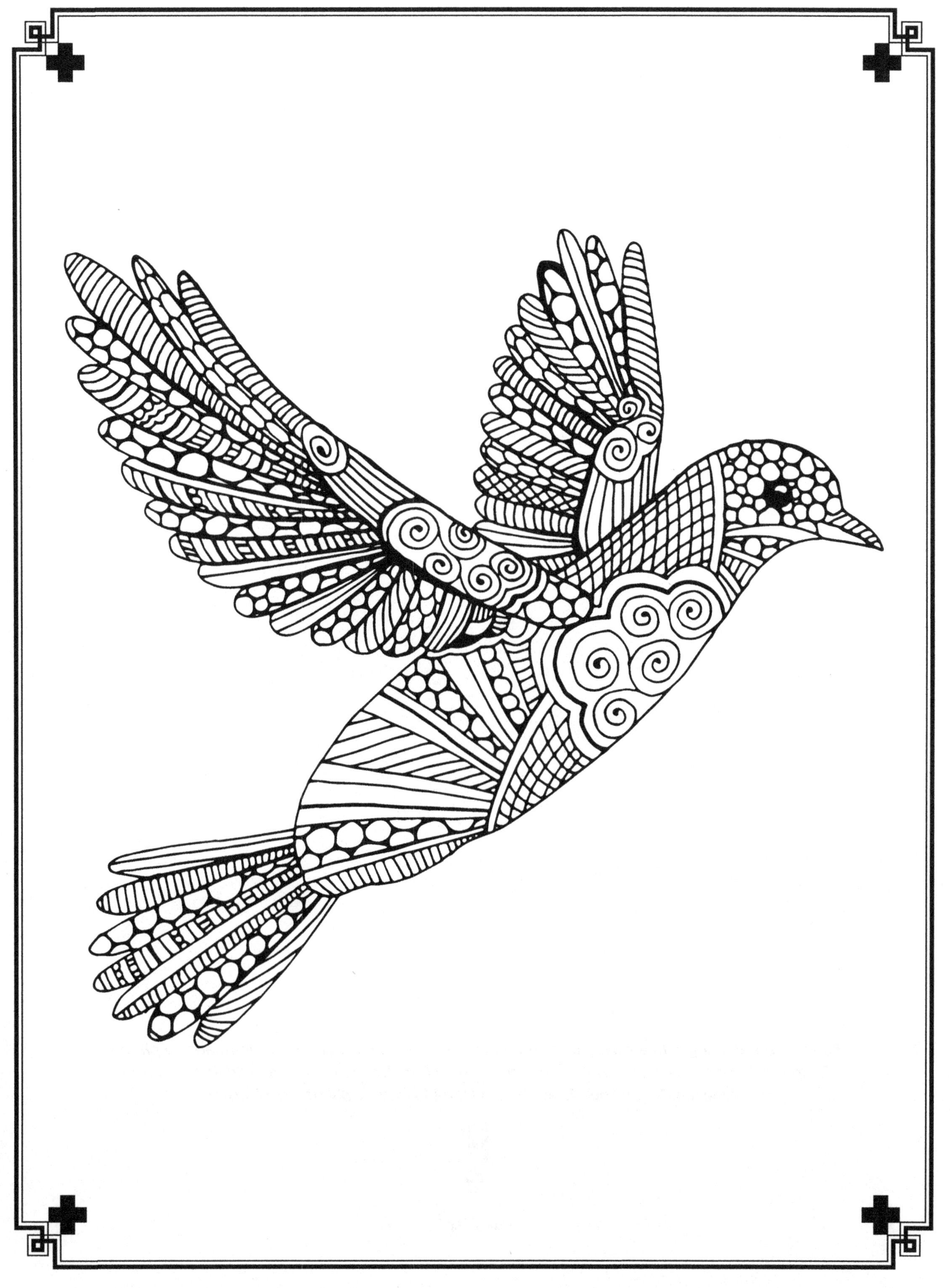

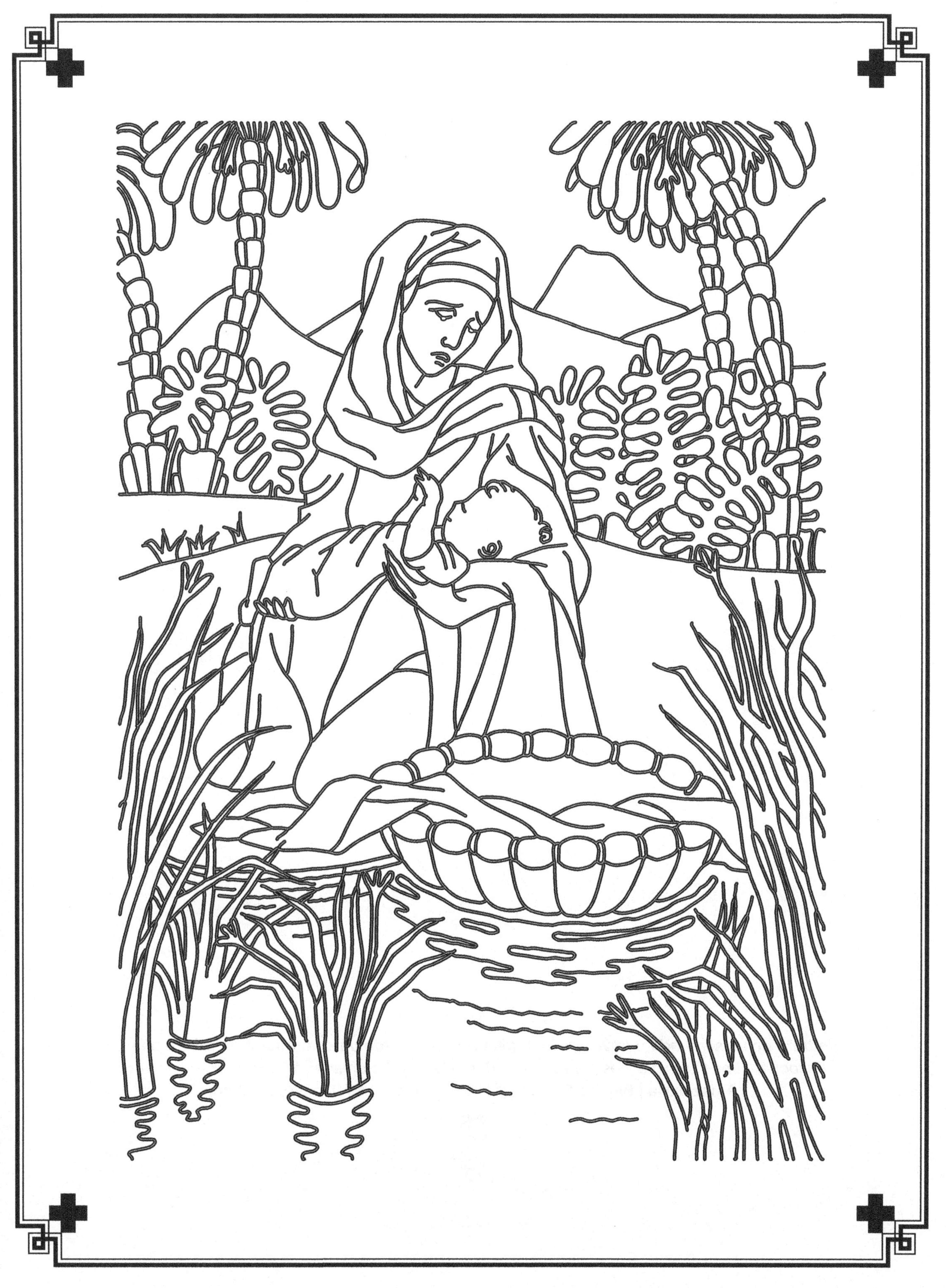

***Se trata de un sangrado a través de la página si está usando un colorante marcador o pluma!***
*Encontrar otros títulos grandes por busca de <u>Bandido Para Colorear</u> en tu favorito libro minorista*
**Amazon.Ca | Barnes & Noble (BN.Com) | Libros 1 Millón (BAM.Com)**

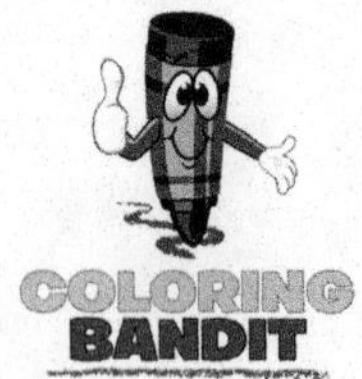

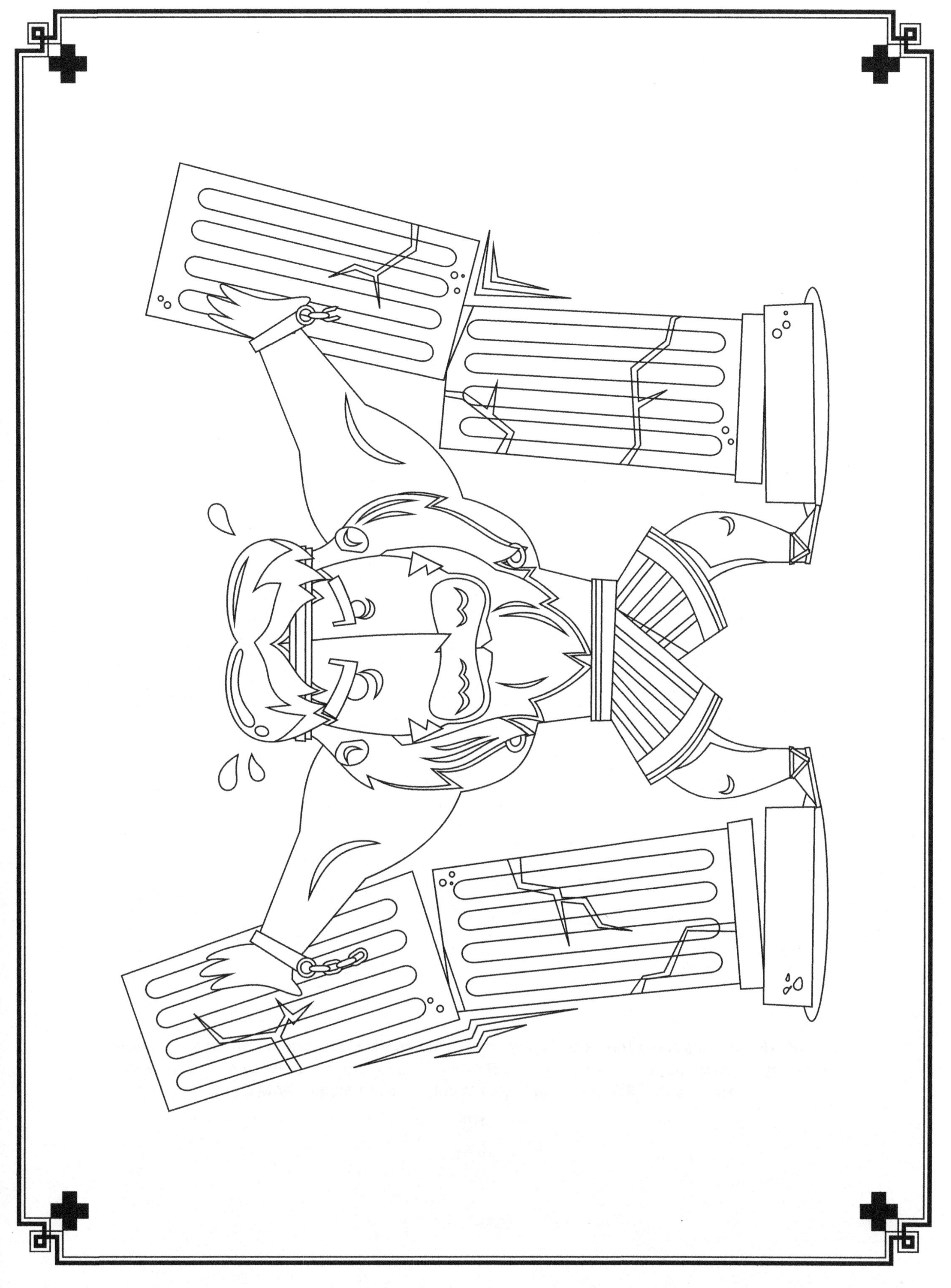

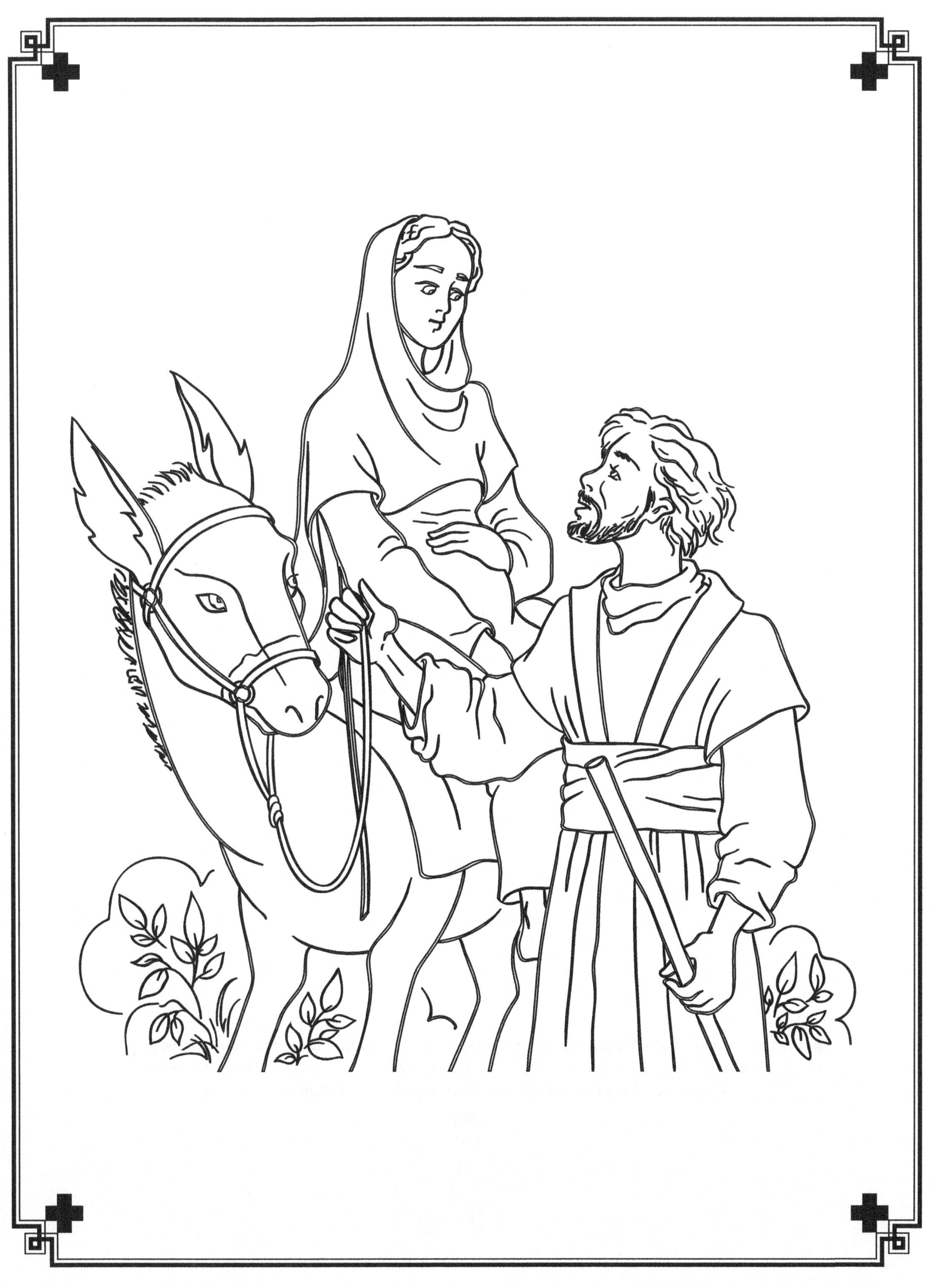

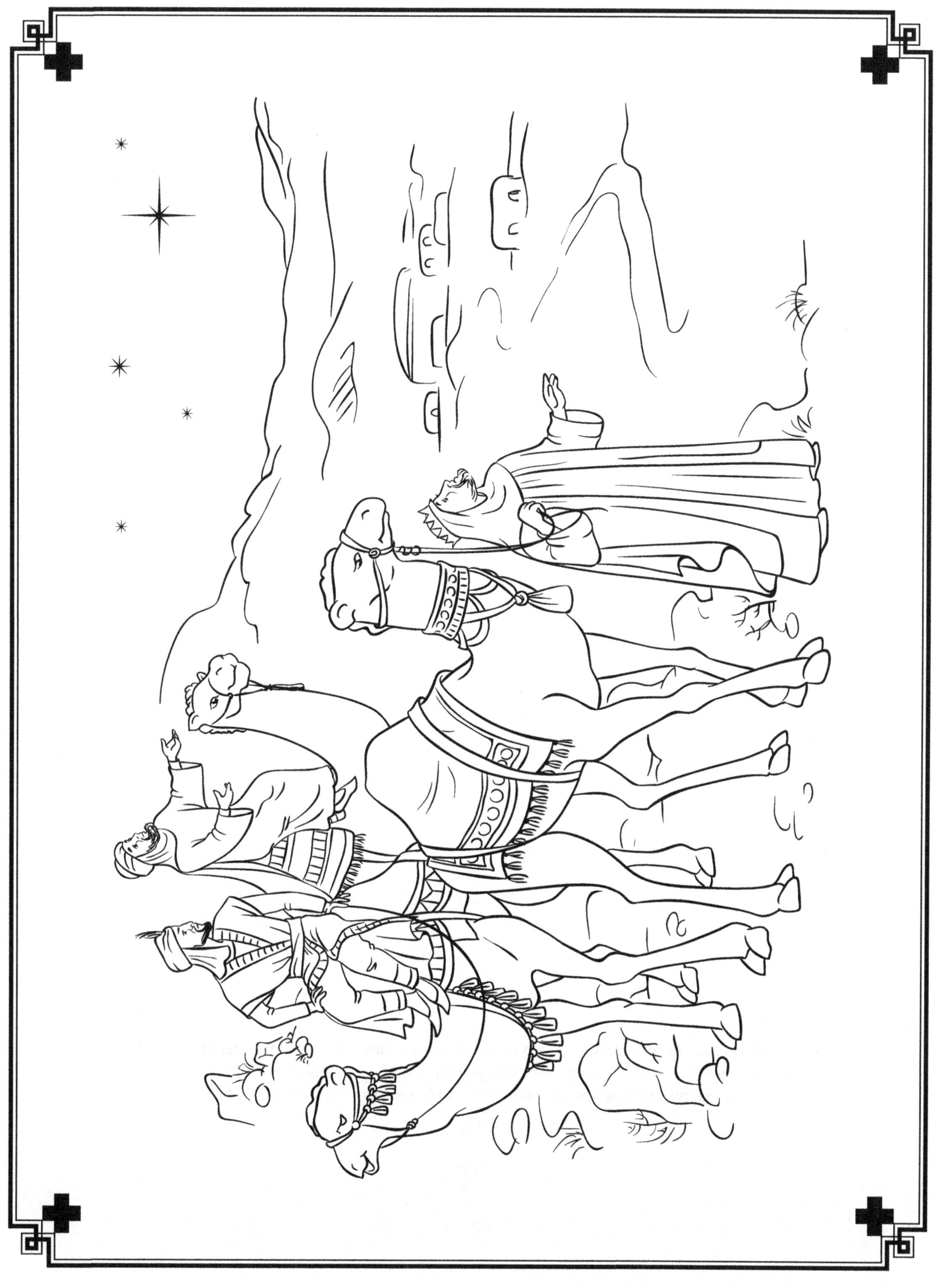

*Se trata de un sangrado a través de la página si está usando un colorante marcador o pluma!*
*Encontrar otros títulos grandes por busca de* Bandido Para Colorear *en tu favorito libro minorista*
**Amazon.Ca | Barnes & Noble (BN.Com) | Libros 1 Millón (BAM.Com)**

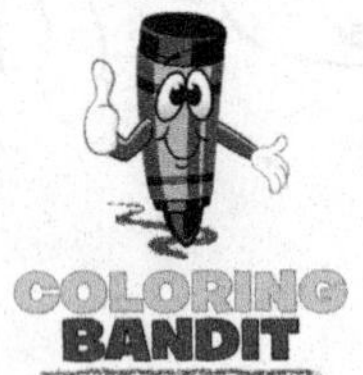

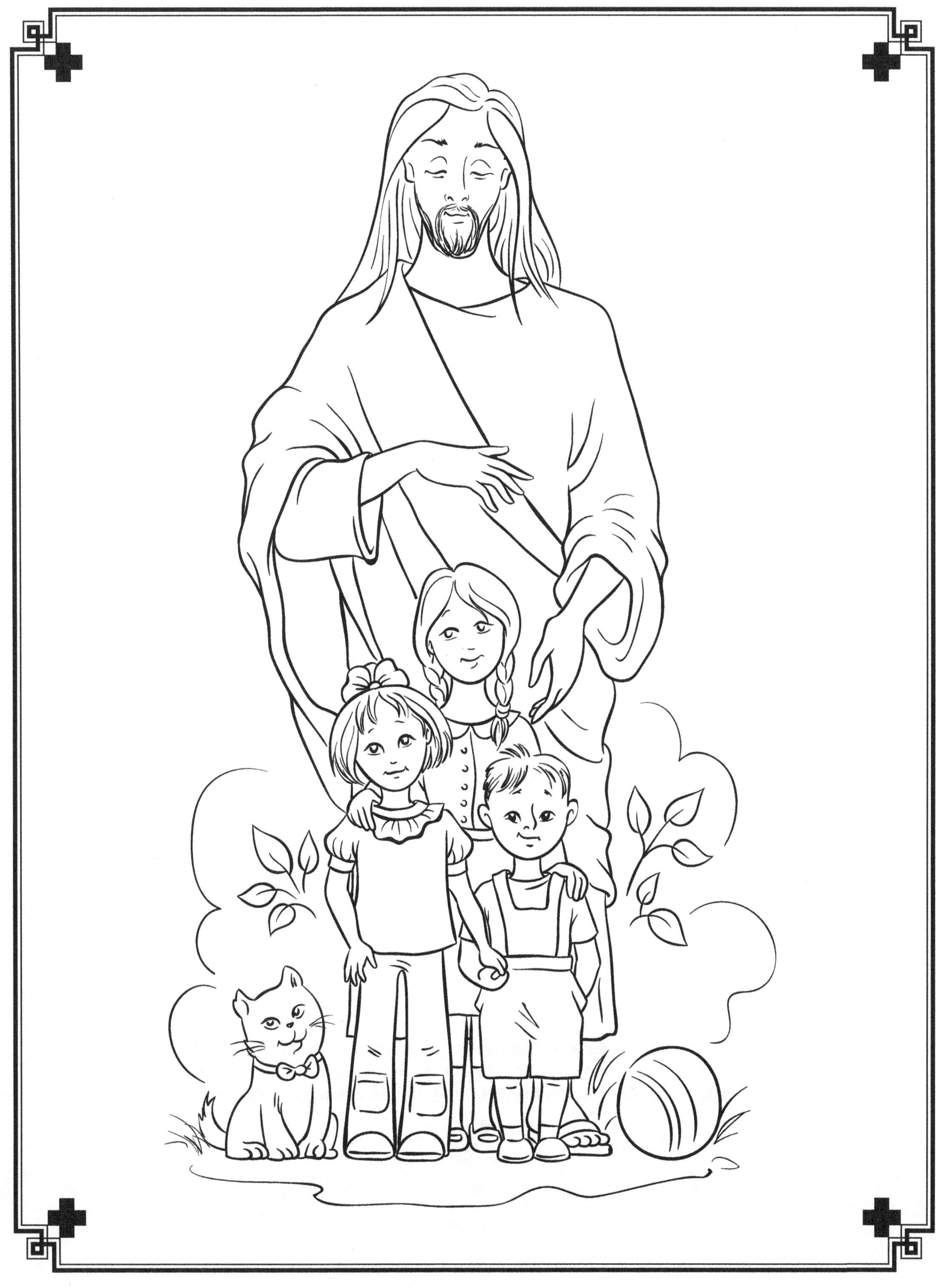

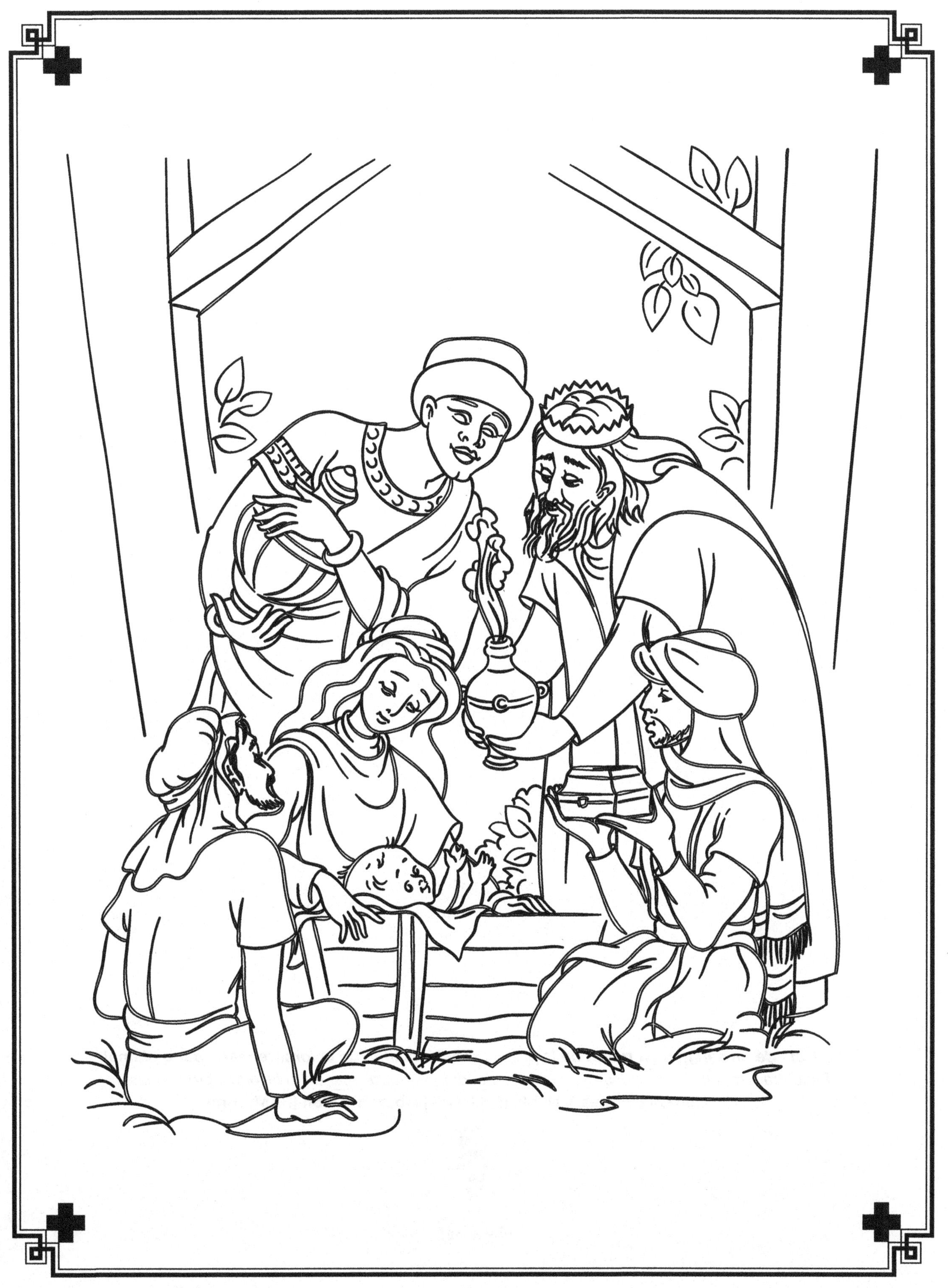

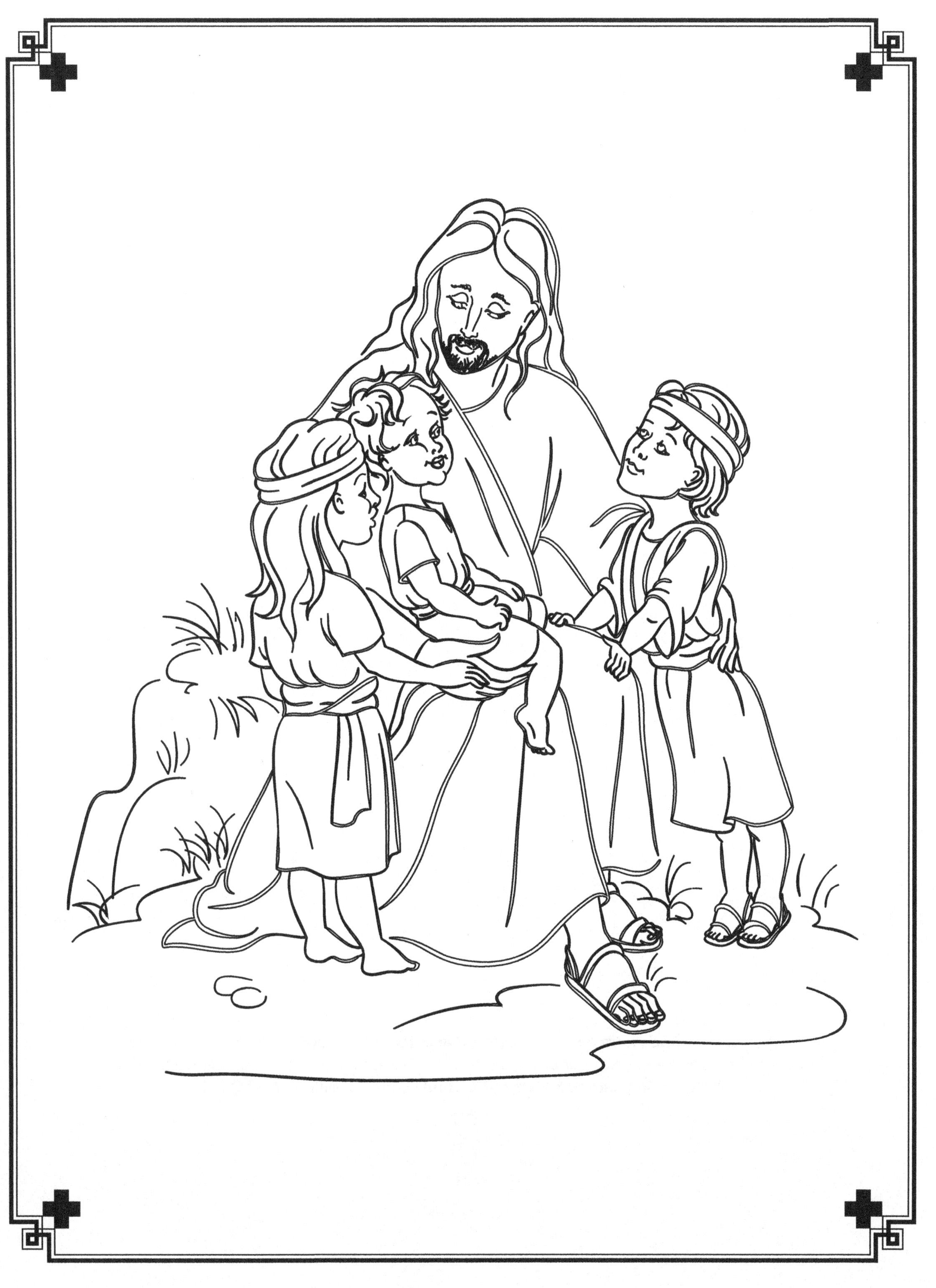

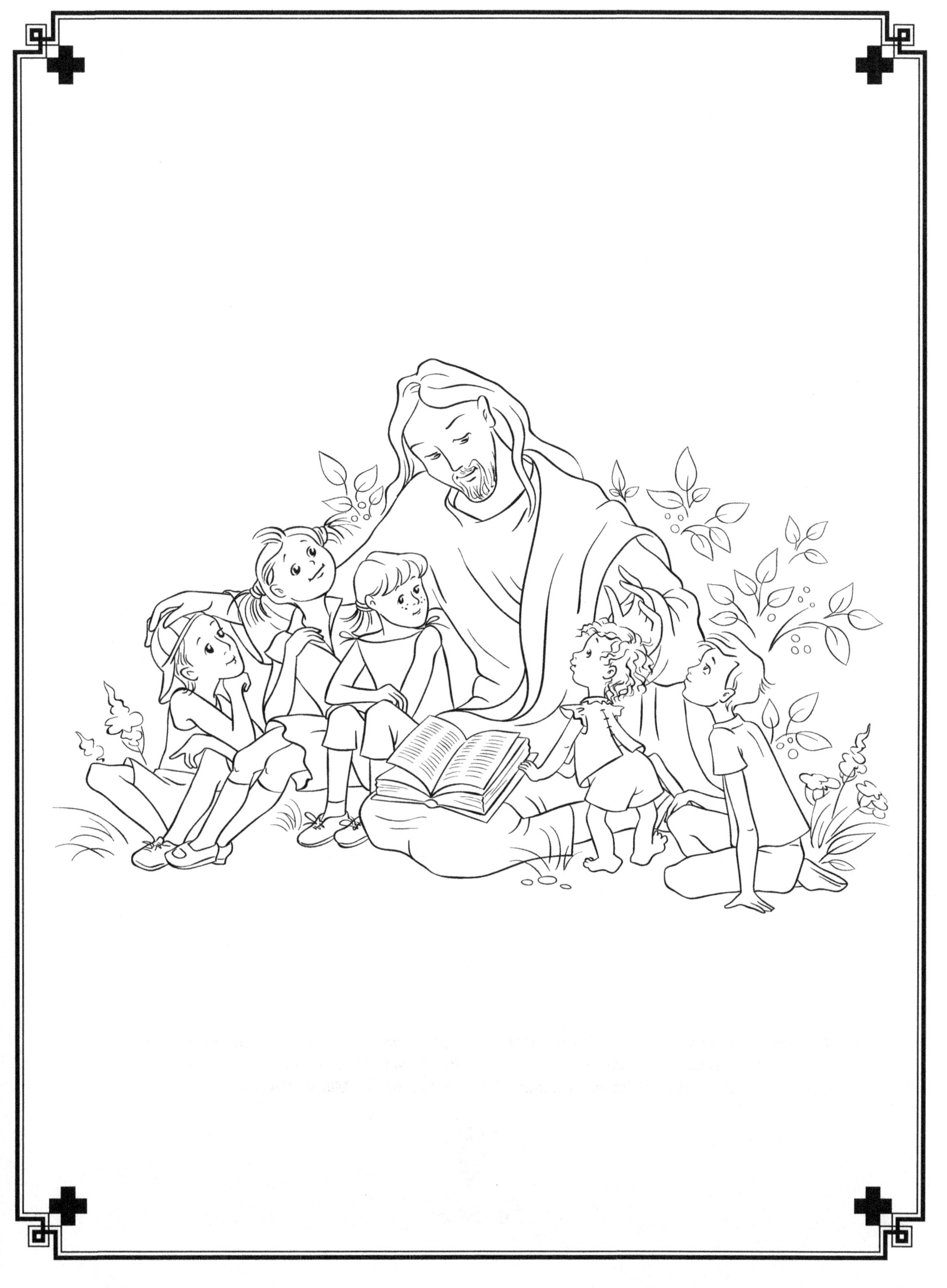

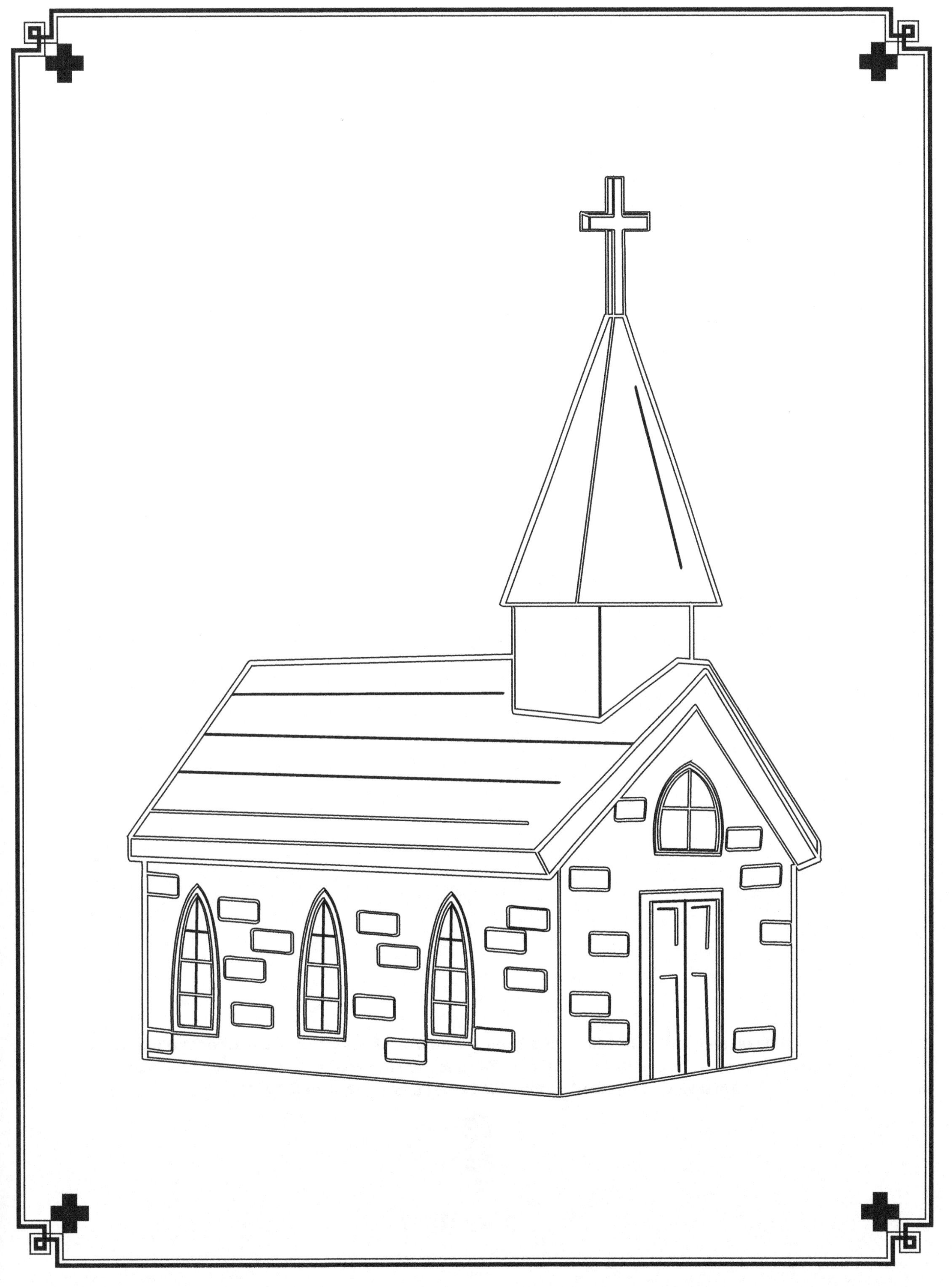

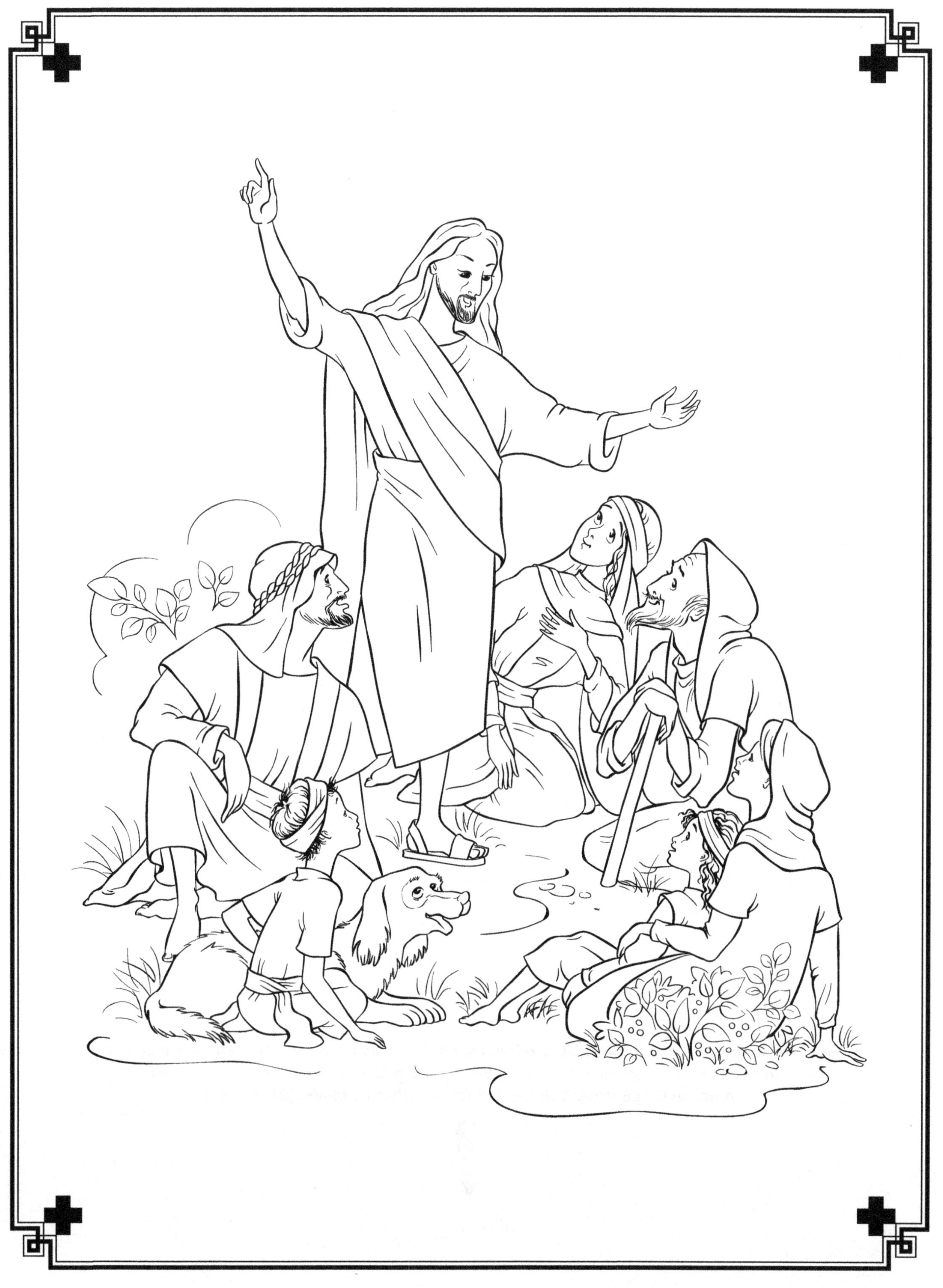

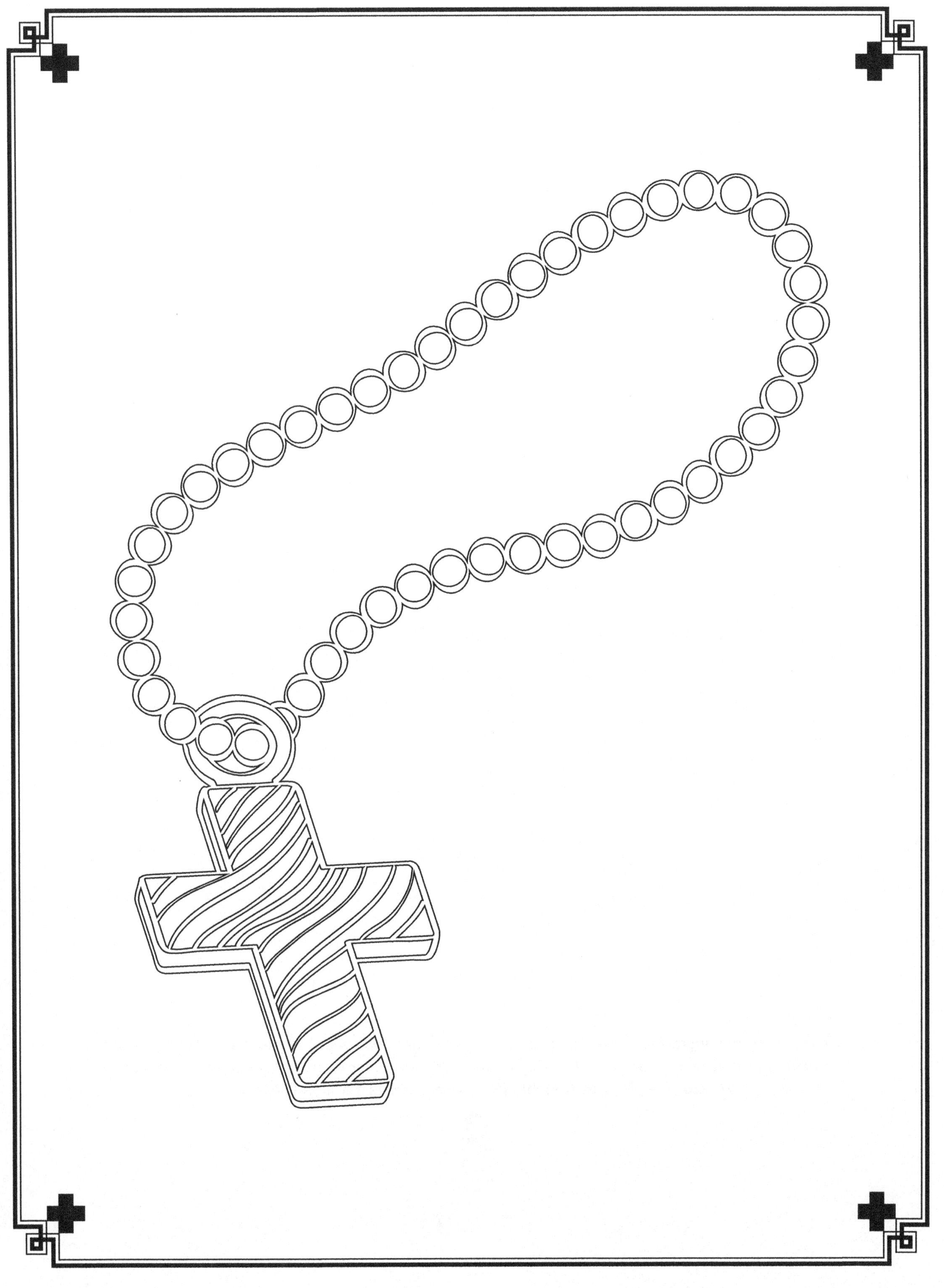

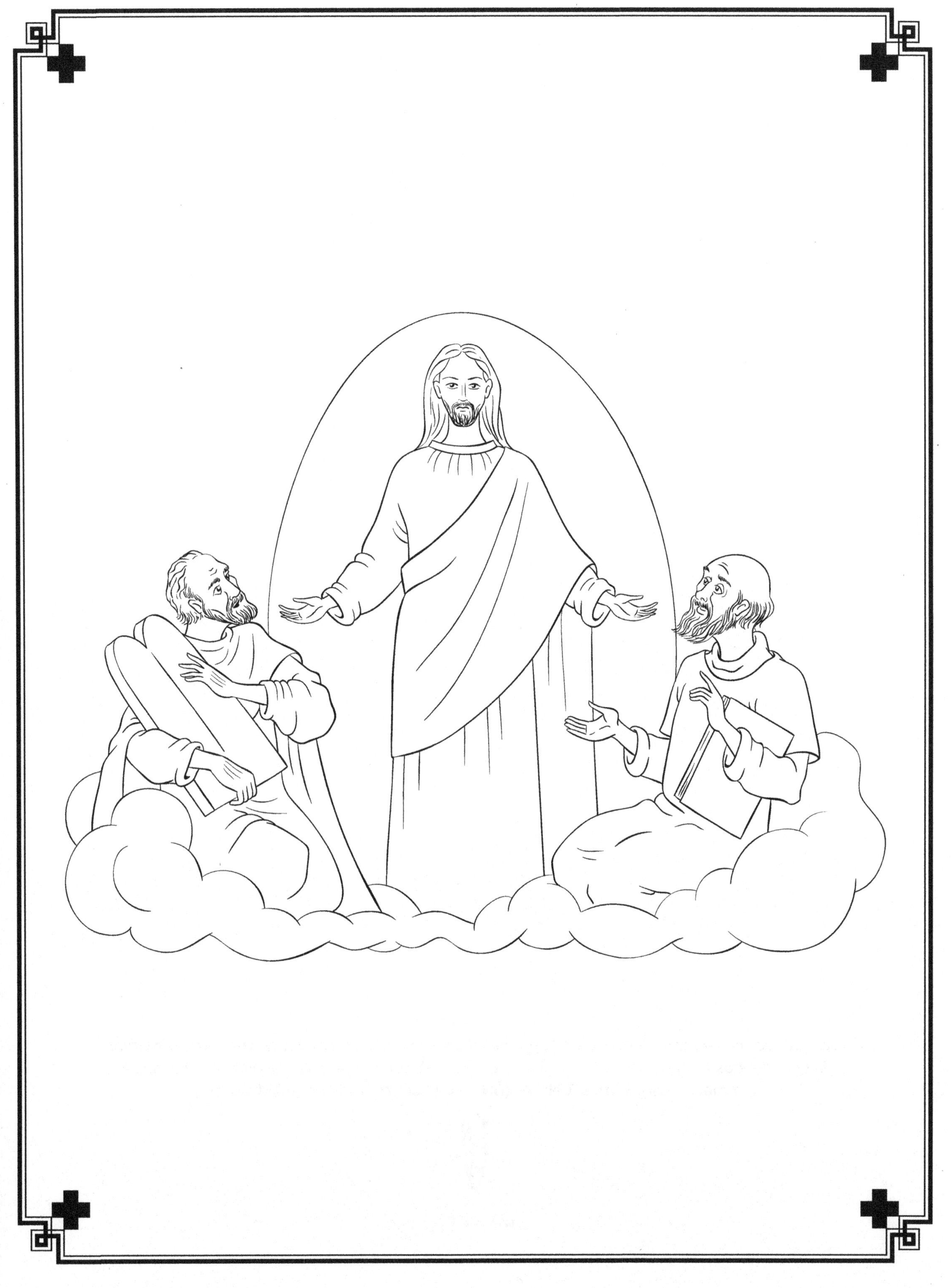

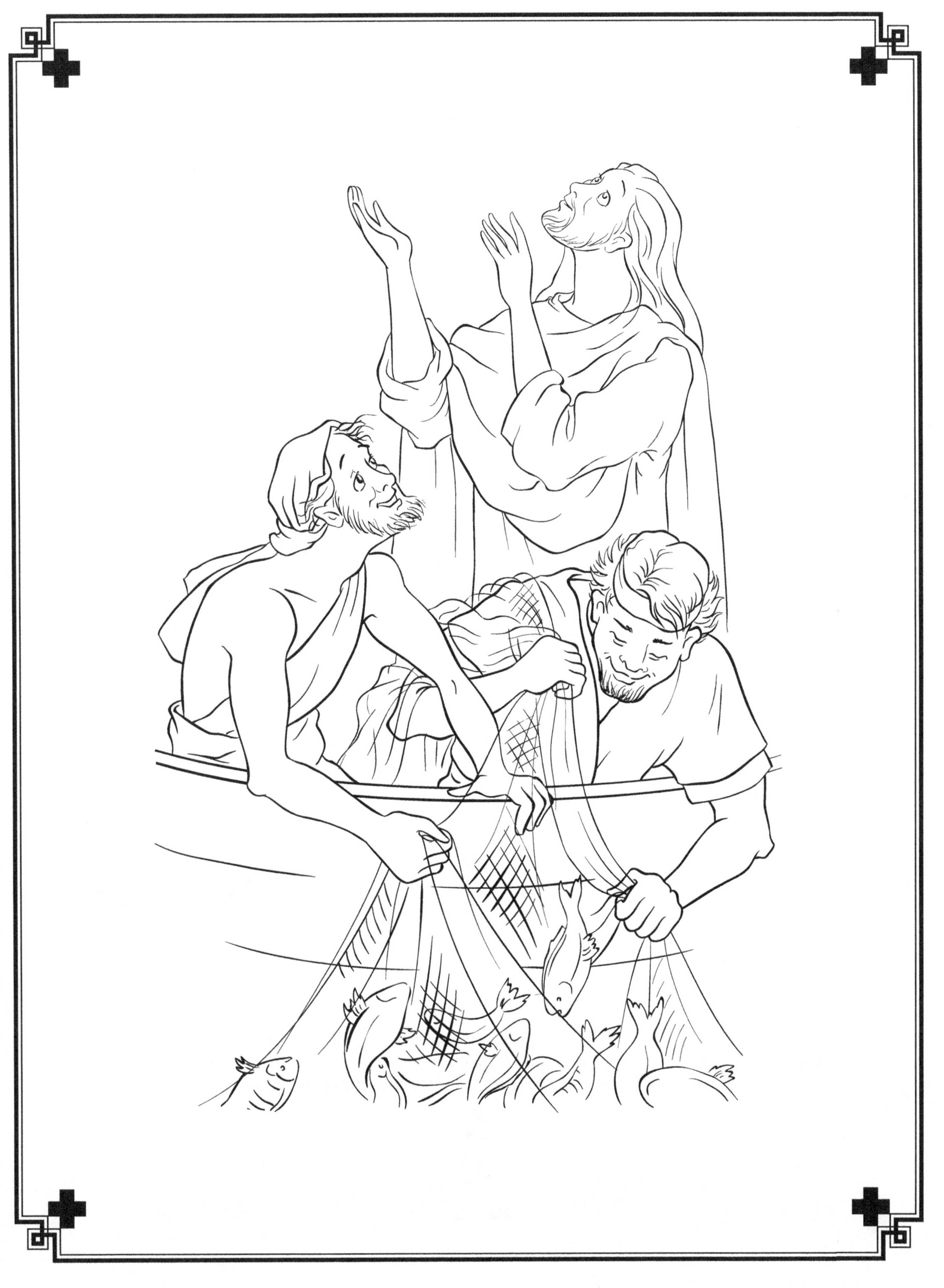

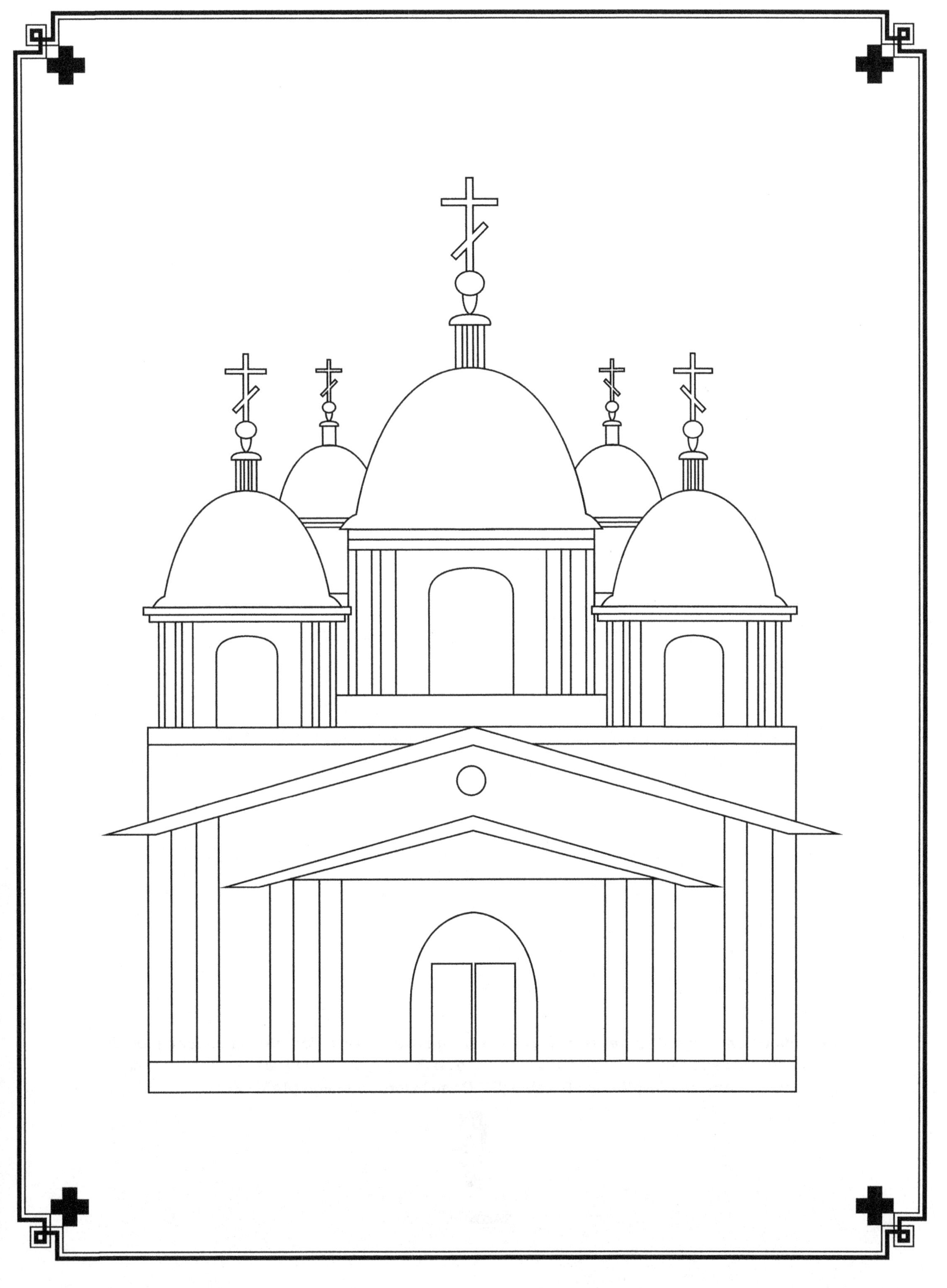

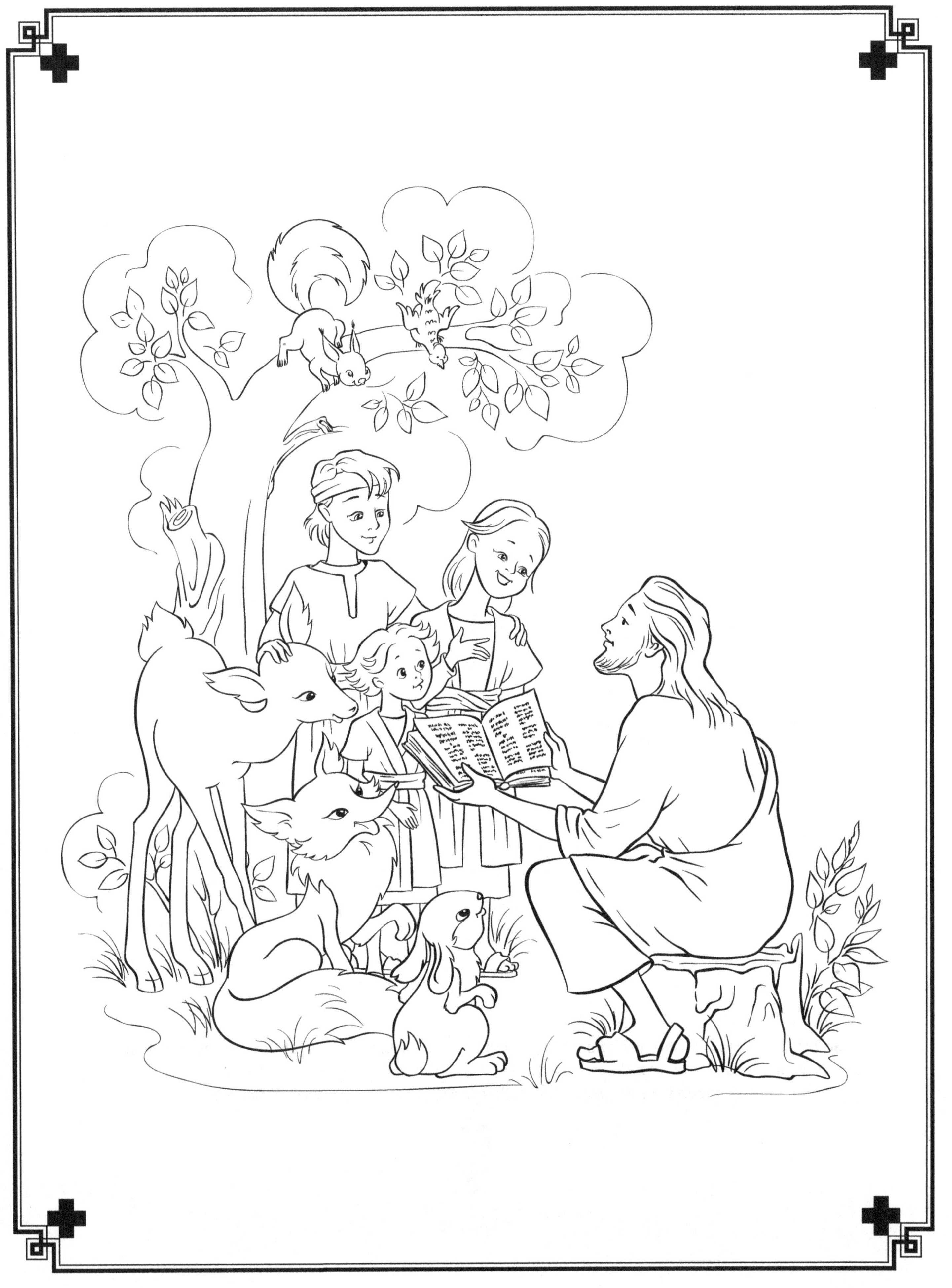

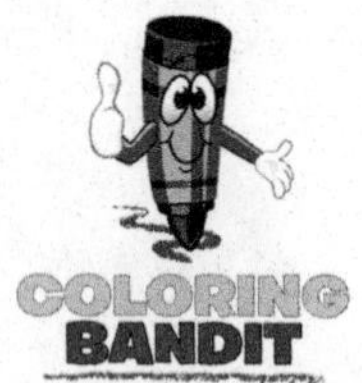

COLORING
BANDIT

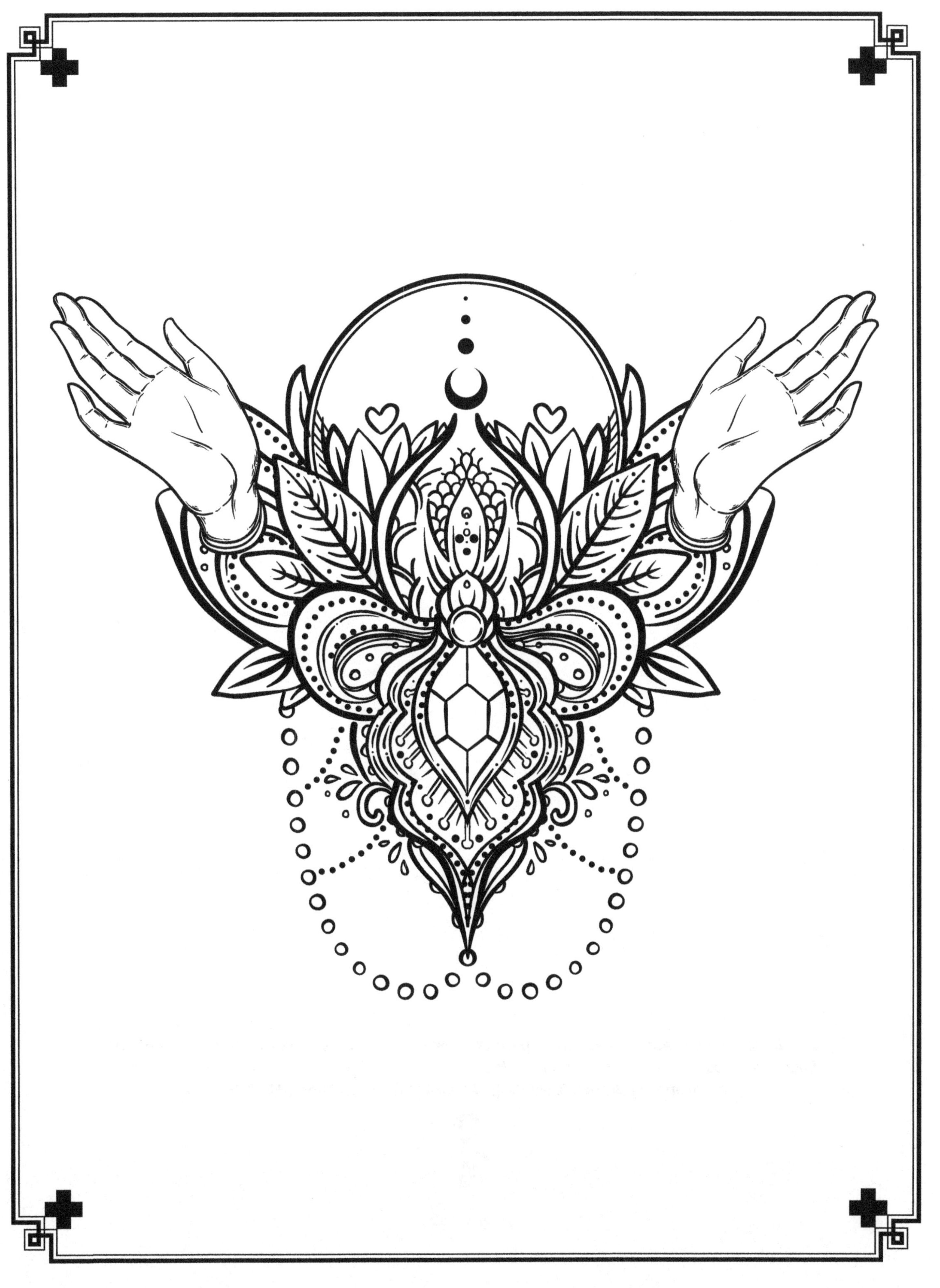

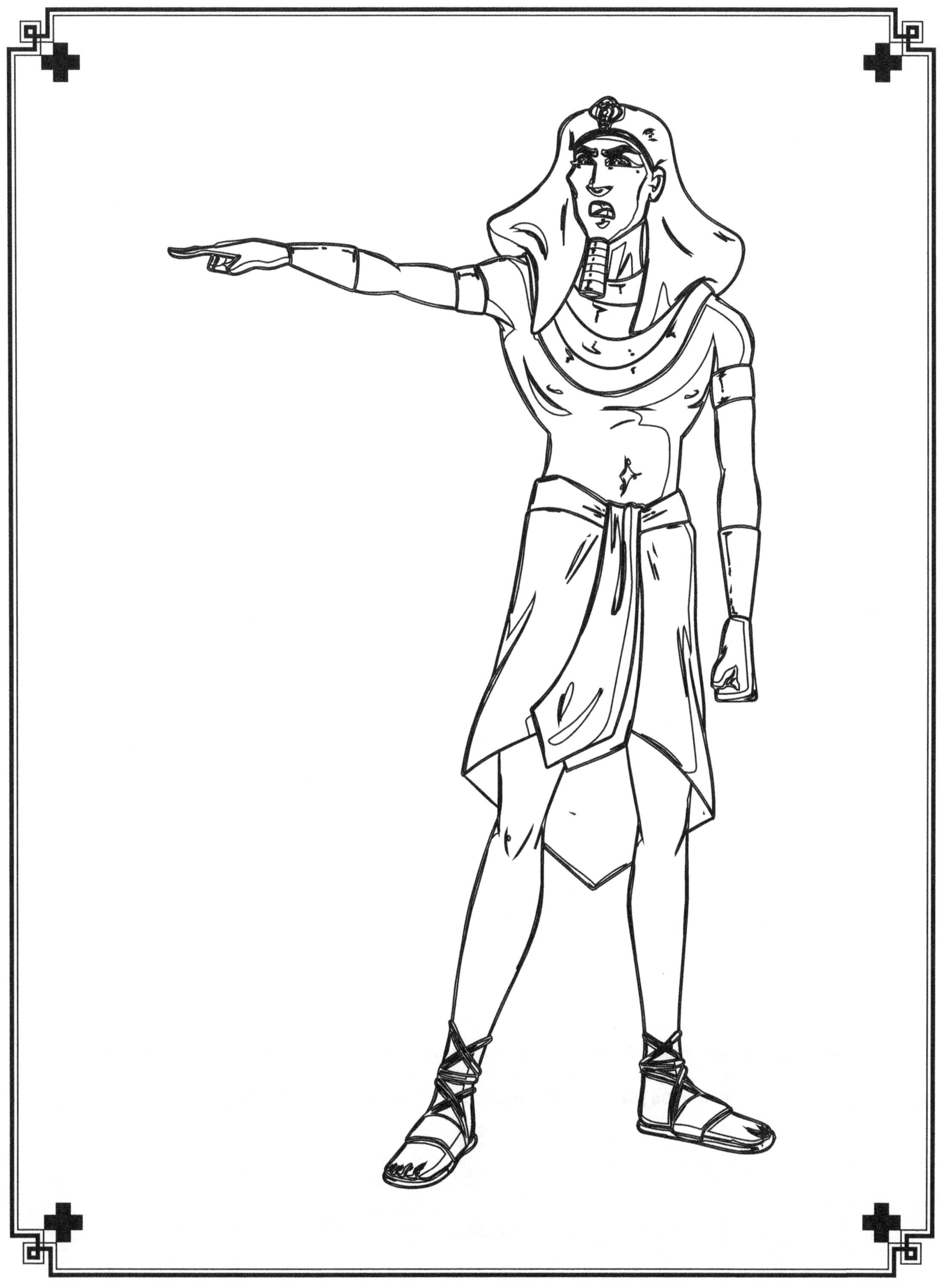

**Se trata de un sangrado a través de la página si está usando un colorante marcador o pluma!**

*Encontrar otros títulos grandes por busca de Bandido Para Colorear en tu favorito libro minorista*

**Amazon.Ca | Barnes & Noble (BN.Com) | Libros 1 Millón (BAM.Com)**

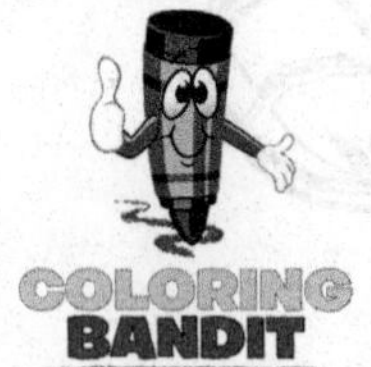

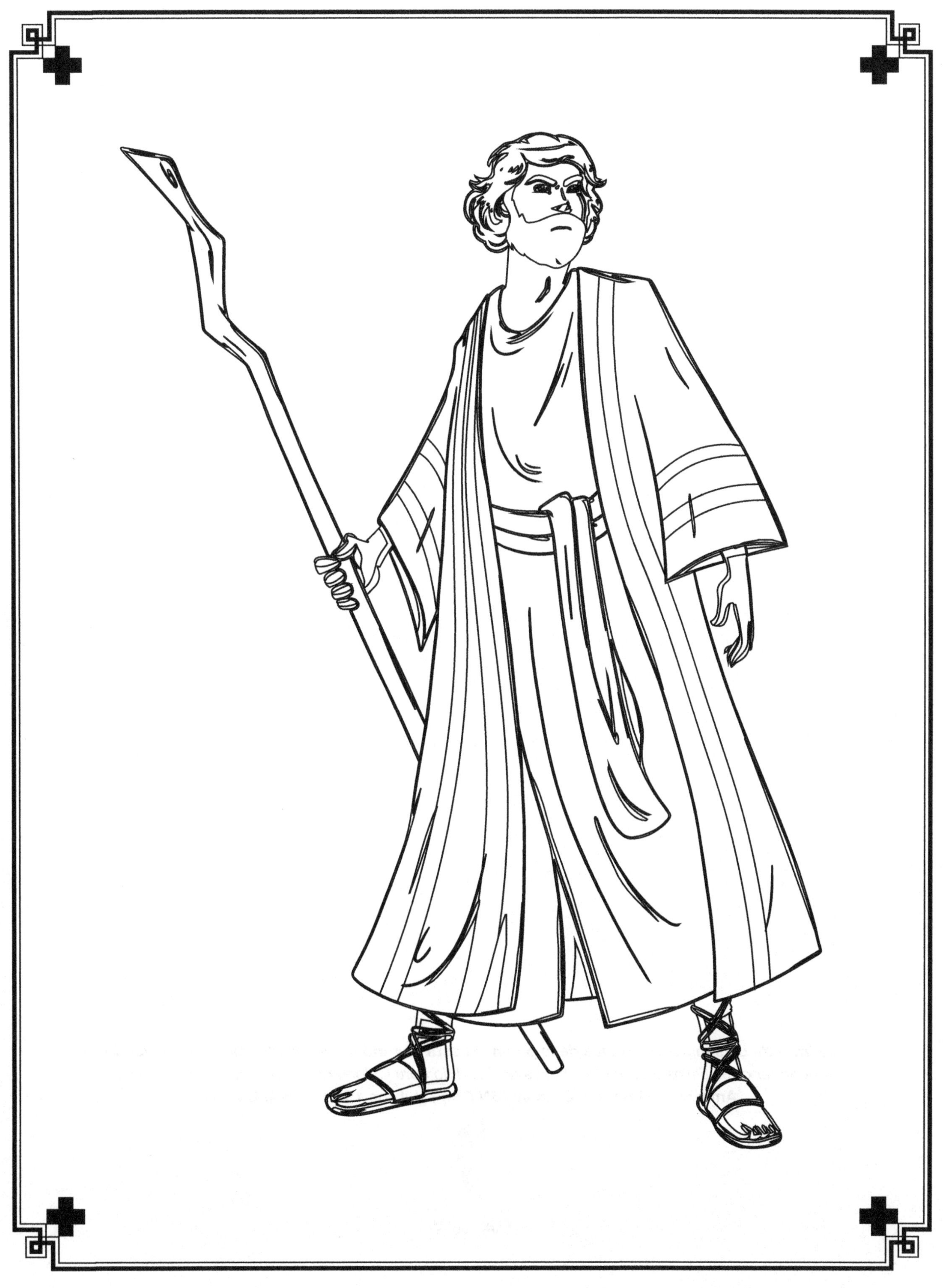

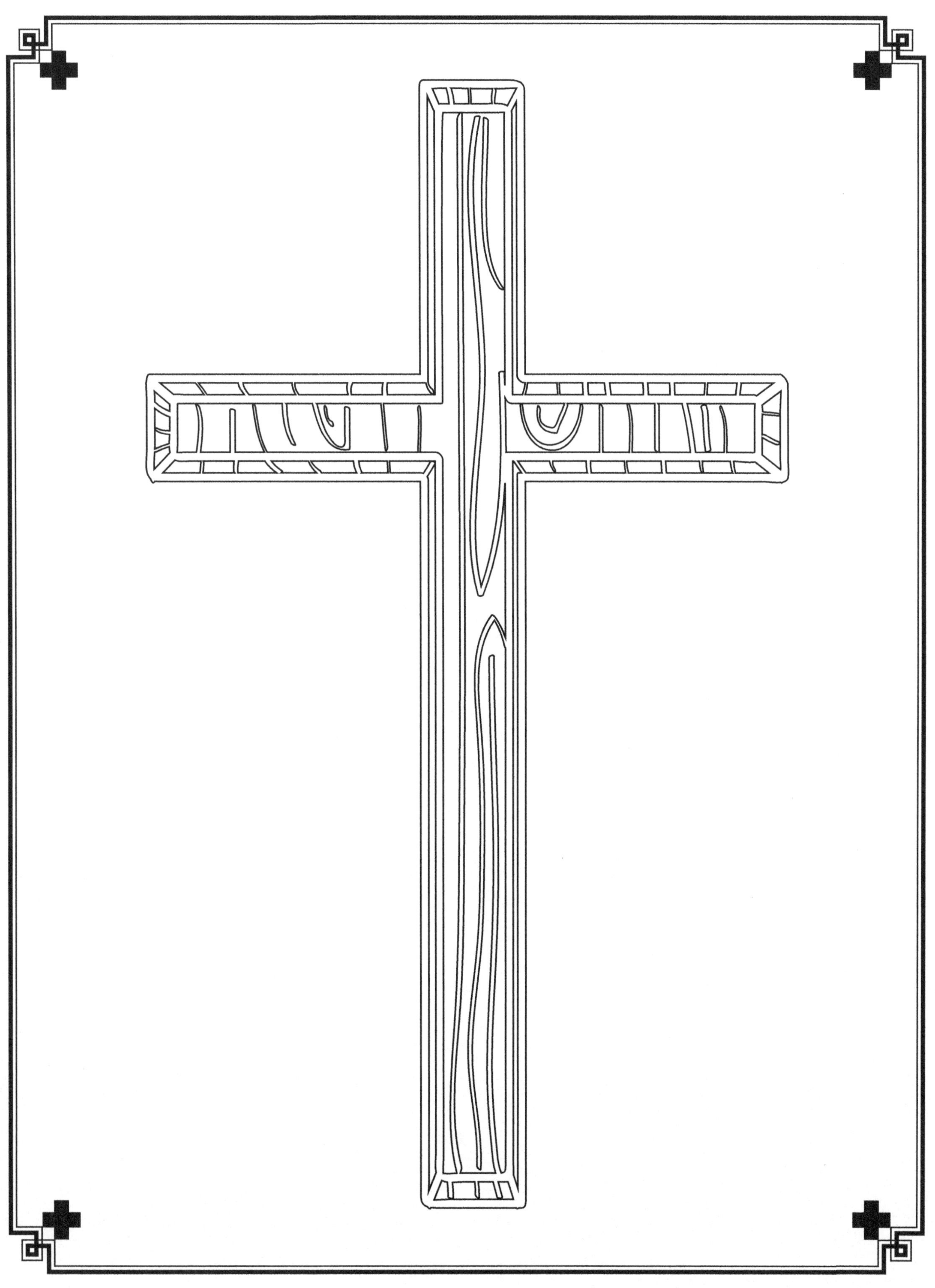

Made in the USA
Monee, IL
07 July 2026